_____ 님의 소중한 미래를 위해

이 책을 드립니다.

심리학으로 이해하는
여자의 인간관계와 감정

심리학으로 이해하는
여자의 인간관계와 감정

여자의 복잡한 마음을 꿰뚫는 관계 심리학

이시하라 가즈코 지음
김하경 옮김

메이트북스

메이트북스 우리는 책이 독자를 위한 것임을 잊지 않는다.
우리는 독자의 꿈을 사랑하고,
그 꿈이 실현될 수 있는 도구를 세상에 내놓는다.

심리학으로 이해하는 여자의 인간관계와 감정

초판 1쇄 발행 2022년 12월 7일 ┃ 지은이 이시하라 가즈코 ┃ 옮긴이 김하경
펴낸곳 (주)원앤원콘텐츠그룹 ┃ 펴낸이 강현규 · 정영훈
책임편집 남수정 ┃ 편집 안정연 · 박은지 ┃ 디자인 최정아
마케팅 김형진 · 유경재 ┃ 경영지원 최향숙 ┃ 홍보 이선미 · 정채훈
등록번호 제301-2006-001호 ┃ 등록일자 2013년 5월 24일
주소 04607 서울시 중구 다산로 139 랜더스빌딩 5층 ┃ 전화 (02)2234-7117
팩스 (02)2234-1086 ┃ 홈페이지 www.matebooks.co.kr ┃ 이메일 khg0109@hanmail.net
값 15,000원 ┃ ISBN 979-11-6002-387-9 03180

외적인 영향에 좌우되고 싶지 않다면
먼저 자기 자신의 격렬한 감정부터 초월해야 한다.

• 새뮤얼 존슨(문학평론가) •

자신의 관점에서
판단하고 선택하라

일상에서 겪는 사건이나 상황은 대부분 '그것을 다루는 방식'에 따라 얼마든지 달라질 수 있다. 이 책에 정리된 모든 해설은 어디까지나 하나의 견해일 뿐, 전부는 아니다. 마찬가지로 심리학을 다루는 방법은 그야말로 각양각색이어서 여러 사람들이 각자의 입장에서 적용한 자신만의 주장과 견해를 펼치고 있다. 그런 까닭에 어떤 것이 진실이고, 어떤 것이 거짓인지를 구별하려고 하면 오히려 이해하기 힘들거나 혼란스러워질 것이다.

이 책도 수많은 자료를 바탕으로 하고 있기 때문에 내가 채택하고 있는 독자적인 방식과는 꽤 상이한 내용이 있었다. 그렇다고 그 내용에 이의를 제기하는 것은 아니다. 오히려 '하나의 사건'이라도 어떤 각도에서 보는지, 어떤 척도에서 그것을 해석하고 판단하는지에 따라 동일한 대상이 완전히 다른 광경으로 보일 수 있어서 놀라웠다. 이 책을 감수하는 동안 완벽하게 동일한 것은 없다는 사실을 새삼 깨달았다.

이 책을 펼쳐든 여러분은 분명 가정, 학교, 직장 등에서 여성 간의 인간관계로 고민을 안고 있는 사람일 것이다. 차례로 이 책 전체를 읽거나, 마음에 드는 항목을 하나씩 읽다 보면 자신을 새롭게 되돌아보는 기회가 되리라 생각한다. 상대방에 대해서는 객관적이고 정확하게 판단하는 사람도 정작 자신에 대해서는 오히려 잘 알지 못하는 법이다. 특히 여성과 여성의 인간관계에서는 '자신과 상대방'의 상호작용으로 인해 장점과 단점이 모두 극대화되기도 한다.

이 책을 통해 사람과의 관계에 피로감을 느끼거나 여성끼리의 교류방법을 몰라 고민하던 여러분의 마음이 조금이나마 시원해졌으면 한다. 또한 새로운 시각을 갖추고, 자신의 마음에 한 걸음 더 가까이 다가서서 더욱 발전시켜나가기를 진심으로 바란다.

과잉 정보의 현대 사회에서는 자신에게 필요하지 않은 정보도 있으며, 오히려 해를 끼치는 정보도 있을 것이다. 그런 정보들에 휘둘리지 않고 올바른 판단을 하려면 자신을 중심으로 한 단단한 축을 기준으로 '자신의 관점'에서 판단하고 선택하는 자세가 중요하다. 판단은 개개인 각자의 몫이다. 그 판단의 참고자료로 이 책을 활용해주길 바란다.

이시하라 가즈코

7

차례

 1장 여자의 인간관계와
감정을 심리학으로 이해하다

여자의 인간관계 고민, 이럴 땐 이렇게 해결하라

여성 사이의 인간관계에서 원만하게 지내려면 어떻게 해야 할까. 그 힌트가 될 만한 내용을 정리한 책이다. 자신이 지금 느끼는 감정이 도대체 무엇인지, 다양한 사례를 들어 소개하고 어떻게 대처하면 좋은지를 해설해나간다.

1장 **여자의 인간관계와 감정을 심리학으로 이해하다**

먼저 심리학에서 바라본 여성 사이에서 일어나는 인간관계의 특징과 감정의 변화, 커뮤니케이션 방법 등에 대해 자세히 살펴보고 해설해나간다.

2장 **여자의 인간관계와 감정을 이해하는 핵심 키워드**

여성 사이의 인간관계, 감정을 살펴보는 데 핵심이 되는 176종류의 키워드를 해설한다. 자신과 상대방을 이해하고, 이벤트 등에서 벌어질 수 있는 상황과 대처방법을 소개한다. 흥미 있는 항목부터 읽어나가도 상관없다.

3장 **여자의 인간관계 고민, 이럴 땐 이렇게 해결하라**

2장에 덧붙여서 많은 사람들이 고민하는 여성의 인간관계에서 발생하는 문제를 다룬다. 어머니와 딸 외에도 친구, 상사와 부하직원, 아이의 친구 엄마 등 주변에서 흔히 안고 있는 고민에 대해 구체적으로 해설해나간다.

핵심어
여성 사이의 인간관계와
감정에 관련된 키워드를
제시한다.

가나다 순서
항목은 가나다 순서로 게재되
어 있으므로 알고 싶은 핵심어
를 빨리 찾을 수 있다.

의미, 유의어, 관련어
핵심어가 가지는 의미 외에
비슷하거나 관련 있는 단어
를 소개한다.

장면, 장소, 사용방법
핵심어가 사용되는
장면이나 장소 외에
대화 도중에 어떤 식
으로 사용되고 있는
지를 정리했다.

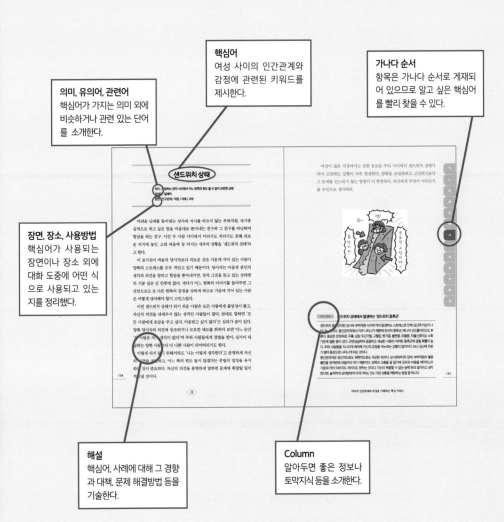

해설
핵심어, 사례에 대해 그 경향
과 대책, 문제 해결방법 등을
기술한다.

Column
알아두면 좋은 정보나
토막지식 등을 소개한다.

15

모녀, 친구, 학부모 모임, 고부 등 여성끼리의 인간
관계는 다양하다. 때로는 이해하기 힘든 상대방의
감정 때문에 괴로워하기도 하고, 복잡한 대립관계
속에서 갈팡질팡 중심을 잡지 못하는 등 여자의 고
민거리는 끝이 없다. 1장에서는 이런 여자의 인간
관계와 감정을 심리학을 통해 해설하려고 한다. 원
만한 관계를 구축해 기분 좋은 커뮤니케이션을 가
능하게 만드는 힌트를 소개한다.

여자의
인간관계와 감정을
심리학으로 이해하다

심리학에서 보는 '여성'이란?

01

* **강요된 '여성다움'의 가치관**

태어나면서부터 '여아용' '여자아이니까'이라는 가치관을 주입받으며 성인으로 성장해간다.

강요된 '여성다움'의 가치관

물건 하나에도 '○○은 여아용, △△는 남아용'이라는 일반적인 사회통념이 존재했다. 예컨대 여자아기 생일 선물로 공룡이 그려진 유아복과 토끼가 그려진 유아복 가운데 일반적으로 선택하는 것은 무엇일까?

딱히 악의가 없지만 무의식적으로 이루어지는 이런 가치관의 강요와 세뇌는 유아기부터 빈번하게 반복되고 있다. 가정에서 육아를 할 때나 학교에서 교육활동을 할 때도 여자아이가 거칠게 행동하면 "여자아이가 왜 그모양이니?"라며 야단을 맞거나, 남자아이가 훌쩍거리고 있으면 "남자아이가 왜 그러니?"라며 혼이 난다. 즉 개인의 자질이나 본질보다 신체적인 성별로 구분된 '성향'이 우선되고 요구되며 기대되는 것이다.

이러한 '여성다움'이 본래 자신의 개성이나 재능과 부합한다면 문제가 없지만 맞지 않는 경우에는 당연히 끼워 맞추려고 애를 쓰게 된다. 물론 개인차는 있지만 여성다움을 연기해야 하는 스트레스는 다양한 장면에서 바람직하지 못한 말과 행동을 유발하는 원인이 되기도 한다.

. . . . .
POINT

1. 무의식적으로 신체적인 성별에 따른 '성향'을 강요한다.
2. 여성은 사소한 부분에도 쉽게 영향을 받는다.
3. 남성 중심 사회가 현재의 여성상을 만들었다.

✳ 역사적 상하관계

현재는 상황이 달라졌지만 과거에 여성은 남성의 지배를 받으며 순종 하던 위치에 있던 역사가 있다.

여성들의 피지배자 의식과 질투심

또 하나, 여성의 심리에 크게 영향을 주는 요소가 남녀 사이의 상하관계 다. 역사적·문화적으로 전 세계 대부분의 사회가 남성 중심으로, 여성은 남 성의 지배를 받으며 순종하는 혹은 남성을 보조하는 위치에 놓여 있었다. 역사적인 배경과 더불어 피지배자 의식이 여성에게 세뇌되어 있다고도 할 수 있다.

피지배자 의식을 가진 동지들이 모이면 이상한 라이벌 심리와 경쟁심이 생긴다. '그 정도 가지고 뭘 그래? 내가 훨씬 괴롭다고!'라는 식으로 어느 쪽이 더 힘든지를 비교한다.

이는 원래 여성들이 피해의식이 강해서가 아니다. 남성 우위의 사회에 서 성장한 까닭에 생겨난 후천적으로 '만들어진' 여성상의 부정적인 면인 것이다.

여성 간의 관계 ① : 엄마와 딸

* **'착한 아이'로부터의 졸업**

엄마와 딸의 관계를 대등하게 바꿀 수 있는 기회는 반항기다.
'착한 딸'에서 졸업할 수 있는 마지막 기회다.

유소년기의 힘의 관계에 계속 끌려가면…

여자아이가 태어나서 처음으로 경험하는 여성 관계는 모녀관계다. 이것은 상당히 강력하다. 모녀 사이의 불화가 해소되지 않은 탓에 연애나 결혼에 문제가 발생하는 경우도 자주 볼 수 있다.

어린아이는 어른의 보호가 없으면 제대로 살아갈 수 없다. '사랑받지 못하는 아이'가 되어 버림받게 되면 삶을 '잘' 살아갈 수 없으므로, 아이는 이해할 수 없더라도 어른의 말을 따를 수밖에 없다. 애초부터 대등한 관계가 아닌 셈이다.

이러한 관계에서의 탈출을 시도하는 시기가 바로 반항기다. 부모는 자녀로부터, 자녀는 부모로부터 독립하는 의식과 같은 절차이므로 이 과정을 제대로 통과하면 자립된 인격으로서 대등한 관계를 가지게 된다. 그런데 부모가 지나치게 강압적이거나 부모의 부재로 인해 반항기를 온전히 거치지 못한 딸은 계속해서 '착한 아이'에서 벗어나지 못한다.

엄마로서는 이런 '착한 아이'인 딸을 계속 곁에 두고 싶어 한다. 그런 까닭에 사사건건 뒷바라지를 하며 간섭하거나 '질병'처럼 딸이 거절하기 힘

POINT
1. 엄마와 딸의 관계는 애초부터 대등하지 않다.
2. 과잉간섭, 지배 등의 관계가 생겨난다.
3. 자신에게 '상처가 된다'는 사실을 서로에게 솔직하게 전달해야 한다.

든 이유로 끊임없이 불러들이며 동정심을 유발해 딸이 자신으로부터 벗어나지 못하게 만든다. "빨리 결혼해야지"라며 독립을 재촉하는 듯 보이는 말 속에도 '넌 착한 아이니까 엄마 말 잘 들어야지'라는 진심이 숨겨져 있는 것이다.

영원히 상처를 주고받는 관계

엄마와 딸은 물리적으로는 떨어져 있더라도 심리적으로는 완전히 밀착된 상태다. 때문에 상대방이 자신의 마음을 잘 알고 있을 것이라는 생각을 은연중에 가지고 있다. 그래서 서로 주장이 부딪칠 때마다 '왜 내 마음을 몰라주는 거야!'라는 서운함이 쌓여 상처를 주게 된다.

사람은 상처를 받으면 반드시 되갚아주려고 한다. 어느 한쪽이 멈출 때까지 복수는 영원히 이어진다. 할머니에서 엄마로, 엄마에게서 딸로, 딸에게서 손녀로 세대를 초월해 이어지는 사례도 적지 않다.

엄마와 딸의 갈등을 해결하려면 '이렇게 하면 내가 상처를 받는다'는 사실을 서로 솔직하게 이야기할 필요가 있다. 그런데 대부분의 사람은 '마음을 표현하는 말'을 알지 못한다. 성장과정에서 자신의 진심을 표현했더니 상대방에게 혼이 났던 경험이 상처로 쌓여, 어느 사이에 자신의 기분(감정)을 표현하는 방법을 잘 알지 못하게 된 것이다.

Column   과잉간섭이란 무엇인가?

피아노를 갖고 싶어 하는 아이에게 돈을 빌려서라도 최고급 그랜드 피아노를 사주는 것은 과잉보호다. "피아노보다 바이올린이 좋을 거야"라며 바이올린을 사주는 것은 과잉간섭이다. 즉 과잉간섭이란 본인이 하고 싶어 하는 것을 막거나, 하고 싶지 않은 것을 억지로 시키는 것을 말한다. 과잉간섭 속에서 성장한 아이는 자신의 희망보다는 부모의 바람에 부응하려는 습관이 생겨서, 성인이 되어서도 자신이 하고 싶은 일이 무엇인지, 어떤 것을 갖고 싶은지 알지 못해 고민하고 괴로워한다.

03 여성 간의 관계 ②:자매 / 고부 / 친구

※ **태어난 순서에 따른 성향**

첫 번째 아이
- 책임감이 강하다
- 자존심이 높다
- 신중하다
- 맺고 끊음이 분명하다
- 계획성이 있다
- 스트레스를 떠안는다

가운데 아이
- 분위기메이커
- 인정이 많다
- 친구가 많다
- 평화주의
- 의리 있다
- 다소 반항적인 면이 있다

언니와 여동생 사이에서 발생하는 다툼의 원인과 라이벌 의식

아이는 기본적으로 부모의 애정을 독점하려고 하기 때문에 자매가 부모의 관심을 끌려고 경쟁하는 것은 당연하다. 성장하면서 자연히 다툼은 줄어든다. 하지만 얼핏 봐도 알 수 있을 정도로 부모가 어느 한쪽을 노골적으로 편애하면 사랑을 받지 못하는 쪽은 극단적으로 자존감이 떨어져서 어른이 된 후에도 열등감에서 벗어나지 못한다.

또한 부모뿐 아니라 주위에 다른 사람이 자매를 서로 비교하는 행위도 자매 사이의 골이 깊어지도록 만드는 원인이 된다. 외모, 성격, 학업성적, 스펙 등을 다른 사람들로부터 비교당하는 상황이 그 예다.

어린 자매가 부모와 떨어져 지내게 되어 언니가 여동생의 엄마 역할을 맡으면서 자매가 마치 모녀 같은 관계가 되어 '과잉간섭'을 하는 사례도 있다. 서로 '말하지 않아도 알아주겠지'라는 생각이 있기 때문에 대화가 부족해져 갈등을 일으키는 모습도 모녀관계와 비슷하다.

'언니니까 부모님을 돌보는 것이 당연하다' '여동생이 언니보다 먼저 결혼해서는 안 된다' 같은 '언니(여동생)는 ○○해야 한다(○○해서는 안 된다)'는 식

POINT

1. 부모의 애정을 독점하기 위한 경쟁은 성장과 함께 줄어든다.
2. '언니(여동생)는 이래야만 한다'는 사고방식이 갈등을 낳는다.
3. 고부문제의 근본은 남자를 차지하기 위한 분쟁이다.

막내 아이
· 사교적
· 서비스 정신이
  강하다
· 자기중심적
· 주목받고 싶어 한다
· 단순 명쾌
· 우유부단

외동아이
· 조숙하다
· 자존감이 높다
· 양심적
· 완벽주의자
· 근면
· 다른 사람과
  일정 거리를 둔다

의 사고방식 또한 자매간의 갈등을 낳는 원인이 된다. 이런 '의무론'은 가족 사이에서 대대로 전해오는 관습이거나 사회에서 일반적인 상식이라고 말하는 것들이다. 자신의 가치관과 다른데도 억지로 맞추려고 하다 보면 "왜 나만 이래야 돼!"라며 분노의 화살이 언니나 여동생에게 향할 수도 있다.

'내가 ○○이니까 너도 ○○해야 한다'는 가치관의 강요는 고부 사이에서도 빈번하게 나타난다. 맞벌이 여부에서 양육방식, 젓가락질하는 법에 이르기까지 모든 것이 대립의 원인이 될 수 있다. 고부갈등의 근본적인 문제는 아들이자 남편인 한 남자에게 있다. 남자가 가운데에서 중심을 잡고 자신의 생각을 명확하게 말하면 해결될 수 있는 문제조차도 귀찮다는 이유로 방치하기 때문에 문제가 커지는 경우도 허다하다. 이런 남성의 태도는 '시어머니와 며느리는 사이가 좋을 수 없다'는 인식에 영향을 끼친다.

여성은 세밀한 부분도 재빨리 알아차리고, 친한 친구에게도 때때로 질투심을 느끼거나, 마음 한구석으로는 '내가 낫다'고 생각하기도 한다. 이런 경쟁심을 잘 활용하면 자신의 매력과 재능을 더욱 빛나게 만들 수도 있지만, 상대방을 공격하는 데 사용하면 오히려 우정을 해치게 된다.

23

여성이 여성을 공격하는 이유는?

* 남편을 공격하는 것이 아니라, 외도한 상대를 공격한다

그게···

당신은 입 다물고 있으라고!

도대체 어쩔 셈이지?

부정행위를 저지른 남편에게 (혹은 두 사람 모두에게) 잘못이 있음에도, 남편보다는 남편과 외도한 상대 여성을 비난한다.

외도를 저지른 남편보다 상대 여성이 더 밉다

아내가 외도를 했을 때 남편은 상대 남성에 대한 분노도 느끼지만 대개 아내를 비난한다. 하지만 남편이 외도를 하면 아내의 분노는 남편이 아닌 상대 여성에게 향한다.

얼핏 보면 이는 '외도 상대보다 자신이 여성으로서 우월하다'는 자존감이 작용한 듯 보인다. 하지만 뒤집어 생각하면 자신이 외도 상대보다 매력이 없을지도 모른다는 '불안감'이 숨겨져 있다. '이런 바람둥이 남자한테 난 어울리지 않아. 얼른 차버리고 훨씬 괜찮은 사람과 재혼해야지.' 이런 발상으로 이어지면 좋을 텐데, 왜 이런 현상이 나타나는 걸까?

이러한 현상의 원인으로는 여성이 오랜 시간 동안 남성 중심 사회에 종속되어 있었다는 사실을 꼽을 수 있다. 남성들은 정치·경제·가정 등 모든 방면에서 주도권을 잡고 싶어 했다. 하지만 남성들은 여성에게도 주도권을 잡을 만한 능력이 있다는 사실을 깨닫게 되었다. 이 때문에 그들은 뛰어난 여성이 나타나면 자신의 권력을 그 여성에게 빼앗기지 않도록 법률이나 종교, 폭력 등을 사용해 여성 스스로가 '나에게는 힘이 없다'고 생각하게 만드는 구조를

(무의식적으로, 때로는 의도적으로) 구축해왔다. 이런 탓에 여성은 마음 한구석에 잠재된 열등감을 남성이 아닌 동성인 여성에게 표출하고, 여성에게 분노의 화살을 돌리게 된 것이다.

적을 만들어내기 쉬운 환경

사람은 자신이 상대보다 우위에 있음을 증명하려고 할 때 상대에게 질투를 느끼거나 상대를 추락시키고 싶어 한다. 이 때문에 다양한 상황에서 적을 만들게 된다. 친구들과의 관계, 직장에서의 인간관계 등에서도 이와 같은 일들이 벌어진다.

2016년에 일본 내각부에서 실시한 여론조사에 따르면, 가정에서나 직장에서, 또 정치현장 등 다양한 사회 영역에서 남녀가 평등하다고 생각하는 사람의 비율이 절반도 안 되는 결과가 나왔다. 즉 사회구조적으로 남녀불평등의 문제가 여전히 심각한 상황이라는 것이다.

그러므로 내가 열등하다고 생각할 필요도 없고, 어디까지나 잘못된 환경이 문제이므로 다른 사람들과 날을 세워 싸울 필요가 없다. 이 점을 반드시 명심하기 바란다.

Column **여성의 집념이 나타난 역사적 사례**

중국의 3대 악녀로 여후, 측천무후, 서태후를 꼽는다. 한 왕조의 초대 황제인 유방의 황후였던 여후는 남편의 총애를 받았던 척부인의 손발을 자르고 양쪽 눈을 뽑은 다음 독약을 부어 귀와 목을 망가뜨리고 변소에 감금시켜 '돼지 인간'이라고 부르게 했다는 일화가 남아 있다. 일본에서는 에도막부 2대 장군인 도쿠가와 히데타다의 정실인 고우가 첩실이 낳은 사내아이를 뜸으로 살해했다는 이야기도 있다. 진실 여부를 떠나 여성의 집념을 엿볼 수 있는 일화들이다.

25

여성에게만 있는 감정이 있다?

＊ 비교하는 심리

여성의 감정은 다양하지만…

여성만이 가진 특유한 감정이란 없다고는 한다. 하지만 여성이 남성에 비해 감성이 풍부한 건 사실이다. 이는 세로토닌이라는 호르몬의 분비량과 관계가 있다.

'행복 호르몬'이라고도 하는 세로토닌은 감정의 폭주를 억제해 마음을 안정시키는 작용을 하는데, 여성의 뇌 속에서 생산되는 세로토닌의 양은 남성의 절반 정도라고 한다. 특히 월경 전에는 세로토닌을 활성화시키는 여성호르몬(에스트로겐)이 저하되기 때문에 정서가 불안정해진다. 여기에 생리통이나 두통 같은 신체적인 고통이 동반되면 불안감이 가중되어 쉽게 감정이 흔들릴 수밖에 없다.

여성 특유의 공감능력 또한 감정을 뒤흔드는 원인이 된다. 영국의 심리학자 사이먼 바론코헨의 주장에 따르면 남성의 뇌가 시스템을 이해하고 구축하도록 만들어져 있는 데 반해, 여성의 뇌는 다른 사람의 감정을 자신의 것처럼 공감하고 이해하도록 만들어졌다고 한다. 즉 여성들은 소설이나 영화 속의 등장인물에게 감정이입을 하듯 인생에서 겪게 되는 여러 상황들에 깊이 공감하는 것이다.

정이 많은 것이 결코 나쁘다고는 할 수 없다. 하지만 자칫 잘못하면 사소한 일에 일일이 상처받기도 하고, 화를 내고, 슬퍼하기도 하는 등 감정이 분출되면 제어할 수 없게 되기도 한다.

여성은 감정을 곧바로 표출할 수 있다

육아에 적극적으로 동참하는 라떼파파(커피를 손에 들고서 유모차를 끌고 다니는 육아에 적극적인 아빠)와 가사를 완전히 맡는 전업주부 남편이 조금씩 증가하고는 있지만 실제로 아직 보편적인 현상이라고는 할 수 없다. 남성이 육아휴직이나 간병휴가를 내면 출세에 영향을 받는 구태의연한 세상 속에서, 가정을 우선해야 하는 여성들은 이런 상황에 대한 불만과 조바심, 초조함 같은 복잡한 감정을 느낀다.

하지만 한편으로 여성들은 중요한 순간에 놀라운 결단력과 행동력, 직감을 보여준다. 고민이 있을 때 친구에게 전화를 걸어 이야기하고, 전문가를 찾아가 상담을 받고, 책을 통해 공부를 하는 등 감정이 쌓이고 쌓여 감당할 수 없어지기 전에 어떤 식으로든 대처하는 능력이 있는 것이다.

그러나 남성은 이런 식으로 감정을 그때그때 표현하는 데 서툴러서 불만이나 스트레스를 계속 쌓아두는 경향이 있다.

Column **엠파스란 무엇인가?**

로즈 로제트리(Rose Rosetree)는 다른 사람의 생각이나 감정을 공감하는 능력이 극도로 발달한 사람에게 '엠파스(empath, 과도한 공감능력 소유자)'라는 용어를 붙였다. 말을 할 수 없는 아기나 동물의 감정이나 요구를 잘 알아차리고, 다른 사람의 신체적 통증을 직접 느끼기도 하며, 사람이 붐비는 곳에 가면 쉽게 피로감을 느끼는 등의 특징이 있는 사람은 엠파스일 가능성이 높다고 한다.

27

06 여성끼리 잘 지내기 위해 필요한 조건

* **커뮤니케이션 의식조사**

여성끼리의 커뮤니케이션은 남성과의 커뮤니케이션과 비교할 때 신경이 더 쓰입니까?

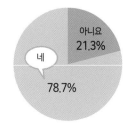

네 78.7%

아니요 21.3%

직장동료나 친구 중에서 '적으로 만들고 싶지 않다' 혹은 '적이 될까 두렵다'고 생각하는 여성이 있습니까?

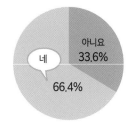

네 66.4%

아니요 33.6%

여성끼리의 커뮤니케이션에 신경을 쓰는 사람, 직장이나 친구 중에서 적으로 만들고 싶지 않은 여성이 있다고 대답한 사람이 약 70%였다.

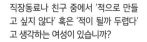

출처 : 주식회사 웨딩파크 <걸즈스타일LABO(GSL)>

'대화를 통한 커뮤니케이션'의 부족

초중학생 시절, 학급의 여학생끼리 절친 그룹을 만들어 다른 그룹과 대립하거나 특정 학생을 따돌린 경험이 있는가? 이런 경험이 작은 트라우마가 되어 어른이 된 지금도 '여성끼리의 교류가 성가시다'고 느끼는 사람도 있을 것이다.

여성 간의 인간관계를 어렵게 만드는 큰 요인은 '이런 행동을 하면 나를 싫어하지 않을까?' '저 사람은 무슨 생각으로 저런 말을 할까?'와 같은, 상대방에 대한 자신의 주관적인 추측·분석·판단이다. 상대방의 눈치를 살피기 때문에 자신의 감정이나 욕망은 무시한 채 늘 상대방에게 맞추는 것이다. 하지만 사실은 자신을 억누르고 있는 상태이므로 상대방을 탓하는 감정이나 말이 서서히 행동으로 나타나기 시작한다. 상대방이 그것을 알아차리면서 점점 관계가 틀어지는 것이다.

이런 악순환을 막으려면 자신의 기분을 솔직하고 정직하게 전달해야 한다. 그것이 가장 확실하고 간편한 방법이다.

문제는 그렇게 표현하는 일이 쉽지 않다는 데 있다. 그도 그럴 것이 여성

28

은 태생적으로 공감능력이 뛰어나서 무의식적으로 '일일이 말하지 않아도 상대방이 알아주겠지'라고 생각하는 경향이 있다. 이런 까닭에 여성은 말을 생략하기도 한다. 솔직히 말하면 상대방이 상처 입지 않을까 조심스러워하고, 상대와 날을 세우는 상황을 두려워하며, 의식적으로 그러한 상황을 피하기도 한다.

공감능력에 지나치게 의존하는 바람에 자신의 기분을 표현할 어휘가 부족해져 문제가 발생하는 경우도 있다. 그러한 상황을 경험한 적이 드물기 때문에 '이런 말을 해도 될까'라는 불안을 느끼는 것이다.

속마음을 표현하는 습관

여성은 애인에게 '사랑한다'는 말을 듣고 싶어 한다. 이처럼 여성에게는 '말로 전달하면 쉽게 이해한다'는 특징이 있다. 여성 사이에서도 마찬가지로 '말로 표현하는 것'이 중요하다.

상대방의 기분을 살피면서 하고 싶은 말을 억지로 삼켜낼 필요가 없다. 오히려 '나는 이렇게 생각해' '난 이렇게 느꼈어'라고 속마음을 말하는 것이 관계를 원활하게 한다. 여기서 핵심은 주어가 나(I)여야 한다는 것이다. "넌 ~인 것 같아" "너 때문이야" "넌 이렇게 하는 편이 나아"처럼 상대방(YOU)을 주어로 하면 속마음을 표현하는 것이 아니라 공격하는 꼴이 된다.

또한 공격적인 상대방에게 "잠깐 기다려봐" "일단 지금은 내 얘기부터 들어줘" 같은 제지의 말을 준비해두면 좋을 것이다. 말로 표현하기가 힘들면 "내가 말로 표현을 잘 못해서 그래"라고 말하면 된다. 처음에는 용기가 필요하겠지만 점차 익숙해질 것이다. 그리고 생각한 것보다 훨씬 더 마음이 가벼워질 것이다.

여자의 인간관계와 감정을 심리학으로 이해하다

07 남성 관계를 통해 알아보는 여성 관계

※ 피라미드형 계층의 형성

남성은 수렵을 하기 위해 조직을 만들고 리더의 지시에 따르며 행동해왔다.

남성에게 현저하게 나타나는 계급의식

원시시대의 남성은 자신과 가족을 부양하기 위해 수렵을 해왔다. 사냥감을 포획하려면 리더(우두머리)의 지시에 따라 작전대로 사냥감을 몰아가야만 했다. 조직을 만들어 행동하지 않고 개별적으로 움직이다간 목숨을 잃을 수 있기 때문이었다. 이런 오랜 경험으로 인해 남성 간의 인간관계에는 여성과는 다른 2가지 특징이 있다.

첫 번째는 상하관계가 확실하다는 점이다. 무리를 만드는 야생동물과 마찬가지로 인간의 세계에서도 절대적인 우두머리가 최고 위치에 존재하고 그 아래에 2위, 또 그 아래에는 3위가 위치하는 식의 피라미드형 계층 조직이 형성된다. 윗사람(선배, 상사)이 명령하고 아랫사람(후배, 부하직원)이 규칙에만 잘 따르면 아무 문제가 없는 세계가 남성 간의 관계에서 보편적으로 나타난다. 만화 〈도라에몽〉에서는 퉁퉁이가 우두머리, 비실이가 두 번째, 노진구가 가장 아래 순위다. 또한 비실이는 퉁퉁이에게 복종하지만 노진구에게는 으스댄다. 이런 비실이의 행동은 강한 자에게 약하고, 약한 자에게 강한 전형적인 남성 관계를 보여준다.

30

1장

. . . . .
POINT
1. 남성은 상하관계를 확실히 정립한다.
2. 같은 집단의 구성원 간의 결속이 강해서 여성은 이해하기 힘든 부분도 있다.
3. 남성 관계와 여성 관계 중 어느 한쪽의 관계가 우월하다고는 단정할 수 없다.

∙ ∙ ∙

한편 권력 상승 욕구와 야심이 있는 남성은 아래 계층에서 머무는 데 그치지 않고 단숨에 정점으로 올라서고 싶어 한다. 오다 노부나가의 아래에서 충성을 바치며 납작 엎드려 지냈던 도요토미 히데요시가 노부나가가 세상을 떠나자 곧바로 그의 자리를 꿰차고 올라선 것은 이를 방증하는 사례다.

남성은 단순하고 결속력이 강하다

남성 사회의 두 번째 특징은 구성원끼리의 결속이 매우 강하다는 것이다. 연인과의 데이트보다 친구와의 약속을 우선하거나, 서로 주먹다짐을 하고 싸운 다음 날 곧바로 화해를 하는 등 여성의 관점에서 보면 이해하기힘든 이런 행동들이 남자들의 결속력을 보여준다.

두 남성이 10년지기 친구지만 개인적인 부분은 거의 모르고, 만나면 아무 말 없이 게임만 하는 등 표면적으로는 데면데면해 보이는 이유는 '사소한 부분이 어떻든 상관없다'고 생각하기 때문이다. 혹은 단순해서 애초부터 그런 것에 관심이 없거나, 알아차리지 못했을 가능성도 크다.

물론 개인차는 있다. 또한 남성끼리의 관계와 여성끼리의 관계를 비교해 어느 쪽이 더 낫고 더 못하다는 의미도 아니다. 하지만 만약 당신이 여성 간의 특유한 인간관계에 피로감을 느끼고 상처받았다면 '단순한 남성들의 방법'을 시도해보면 어떨까?

Column   **남성 간의 질투**

남성 사이에서 질투의 대상이 되는 것은 '수입이 많다' '능력이 뛰어나다' '출세가 빠르다' 처럼 능력과 관련된 사항이거나 '외모가 잘생겼다' '키가 크다' '아름다운 여성과 교제한다'처럼 인기와 관련된 부분, 2가지로 나뉜다. 흔히 여성의 질투심이 무시무시하다고 말하지만 남성의 경우도 별반 다르지 않다. 직장에서 같은 여성을 좋아하게 된 상대 남성을 닥치는 대로 험담하고 다니는 사례도 많다.

31

가장 이상적인 여성 간의 관계란?

* **'나'와 '타인'과의 관계**

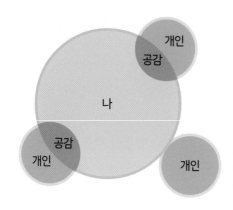

아무리 친해도 모든 것을 공유할 수는 없다. 나와 관련이 있는 것만이 서로 공감할 수 있는 부분이다.

상대방의 영역에 멋대로 침범하지 않는다

이상적인 관계를 만드는 가장 큰 핵심은 적당한 거리를 유지하는 것이다. '거리'라는 말이 냉정하게 느껴진다면 '경계를 정한다' '영역을 지킨다'는 표현으로 바꾸어도 좋다.

무슨 일이든 속마음을 모두 털어놓으며, 하나부터 열까지 전부 공유하는 것이 '절친'이라고 생각하는 사람이 있다. 언뜻 보면 멋진 관계처럼 보일 수도 있지만, 여기에는 '무슨 일이든 솔직하게 털어놓아야 한다'는 전제가 깔려 있다. 그래서 상대방이 다른 친구와 놀러 가는 일만으로도 '배신당했어. 용서할 수 없어!'라고 생각하게 되는 것이다.

하지만 아무리 사이가 좋아도, 하물며 가족이라고 해도 상대방의 모든 것을 알 수는 없으며, 그럴 필요도 없다. 자신의 사고방식을 강요하며 상대방의 행동을 조정하려 해서는 안 된다. 이는 친구관계뿐 아니라 부모와 자식 간의 관계에서도 마찬가지다.

사람은 누구나 자신만의 세계를 가지고 있다. 자신의 방에서 여유롭게 휴식을 취하고 있을 때 누군가가 노크도 하지 않고 불쑥 방에 들어오면 불쾌함을 느끼지 않겠는가. '내 방은 물론 현관도 싫다'고 생각하는 사람이 있는가 하면 '난 전혀 상관없어'라고 생각하는 사람도 있을 것이다. 경계선을 정하는 범위는 제각각이기 때문이다. 우리는 그것을 서로 인정하는 수밖에 없다.

누군가에게 다가갈 때는 '이 정도는 괜찮겠지'라고 마음대로 결정하지 않아야 하고, 상대방이 다가올 때는 '말을 하지 않아도 내 기분을 알겠지'라며 일방적인 기대를 하지 않아야 한다. 사이가 좋을수록 서로의 자유를 존중해줘야 하는 것이다.

문제의 근원은 대부분 모녀관계에서 비롯된다

공감능력이 뛰어난 여성은 자신과 타인 사이의 경계가 애매해서 적절한 거리를 찾지 못하기도 한다. 그 원인을 파고들어가보면 대부분 '모녀관계'에 근본적인 문제가 있기 마련이다.

유감스럽게도 많은 엄마가 과보호(모든 면에서 간섭한다), 거절(차분히 이야기를 들어주지 않는다), 부정(무시한다), 동정심 유도(넋두리를 한다) 등의 방법으로 딸을 지배하고, 딸의 영역을 침범하고, 딸의 자유를 빼앗는다. 그런 엄마 또한 자신의 엄마에게 대등한 대우를 받아본 적이 없기 때문이다. 앞에서도 언급한 '모든 것을 공유하는 절친'의 사례처럼 상대방의 전부를 파악하는 것이 진정한 사랑이라고 생각하는 것이다.

나의 자유와 상대방의 자유를 서로 간섭하는 행동은 하지 않도록 주의해야 한다. 내가 먼저 상대방을 놓으면 상대방도 나를 놓아주게 되면서 서로 자유롭고 대등한 관계를 구축할 수 있다. 살짝 거리를 두고 나서 이전보다 사이가 좋아진 사례도 많다.

여자의 인간관계와 감정을 심리학으로 이해하다

여성 간 인간관계가 원만한 사람은?

✳ **동성에게 인기가 많은 여성타입**

이기적인 것이 아닌 자신을 소중하게 생각하는 사람

의외라고 생각할 수도 있지만 '모든 사람과 잘 지내기 위해' 노력할수록 오히려 사람들과의 관계는 힘들어진다. 자신을 억누르고 상대방의 기분을 생각하는 데만 급급하다 보면 상대방의 일거수일투족에 휘말려서 말도 안 되는 경쟁을 하게 되거나 주종관계가 성립되어버리기 때문이다.

편안하게 여성 간의 교류를 하는 사람들의 공통점은 상대방보다 자신의 감정을 소중하게 생각한다는 것이다. 어떤 상황에서도 자신의 욕구, 희망, 감정을 우선하며 결코 무리하지 않는다. 그들은 친구들 모임에 가기 싫으면 가지 않고, 남의 뒷담화를 듣기 싫으면 듣지 않고, 만약 다른 사람에게 상처를 받으면 '상처받았다'고 솔직하게 말한다. 상대방의 행동은 어디까지나 상대방의 자유라고 분명하게 선을 긋고 있으므로 만약 타인이 자신의 요청을 거절한다고 해도 전혀 개의치 않으며, 싫은 소리를 듣더라도 가볍게 흘려듣고 넘길 수 있다.

자신을 소중하게 생각하는 사람은 다른 사람이 자신을 어떻게 생각하든 상관하지 않는다. 상대방에게 맞추려고 가면을 쓰지 않고 자신에게 솔직하

• • •

기 때문에 스스로의 말과 행동에 괴리가 없다. 그들은 그런 자신에게 만족하므로 불평도, 명령도 하지 않는다.

이런 사람은 불쾌해질 법한 자리에는 애초부터 가지 않는다. 주변 사람도 일부러 신경을 쓰지 않는다. 깔끔하고 시원시원한 인상으로 동성 친구에게 호감도가 높다. 그래서 늘 주변에 동성 친구가 모이는 것이다.

자신을 우선하는 삶의 방식

자신을 우선하는 삶의 방식을 '자기중심' '자아존중' '자기애'라고 한다. 상대를 무시하고 자신의 요구만을 강요하는 '이기주의'와는 달리 스스로의 만족을 우선하므로 다른 사람에게 자신의 생각과 감정을 강요하지 않는다. 게다가 자신을 존중하고 사랑하는 만큼 다른 사람도 존중하고 사랑할 줄 안다. 다른 사람을 짓밟는 행동이 자신을 행복하게 할 리 없다는 것을 잘 알고 있고, 자신의 행복을 최우선으로 여기는 삶의 방식이다. 따라서 그 누구보다 자신을 귀하게 여긴다고 해서 죄책감을 느낄 필요는 없다.

자신에게 포커스를 맞추면 '나'가 주어가 되어 말하기 때문에 다른 사람과의 대화도 원활해진다. 대화가 부드럽게 진행되면 인간관계 속에서의 긴장감도 줄어서 마음이 편안해지고 몸도 건강해진다. 자기중심적인 삶의 방식이 몸에 배면 인생이 한층 즐거워진다.

Column   **자존감이란 무엇인가?**

최근 들어 '자존감'이라는 말을 자주 접하게 된다. 자존감이 낮아서 이를 고민하는 사람도 많은 듯하다. 이는 자기 가치에 관한 감각이므로 자신이 스스로를 어떻게 생각하고 느끼는지에 의해 결정되는 것이다. 자신을 긍정하기 위해 필요한 것은 자기 자신과 마주하는 것이다. 이때 자신의 부정적인 부분을 바라보려 하지 말고 자신을 그저 사랑스러운 눈으로 가만히 들여다보아야 한다. 이는 부정적인 마음을 긍정적인 의식으로 전환시키는 과정의 첫 시작이다.

35

성격과 감정에는 다양한 종류가 있다. 어느 것이
좋고, 어느 것이 나쁘다고 할 수는 없다. 다만 상황
이나 그것을 받아들이는 방법에 따라 좋게 작용할
수도, 나쁘게 작용할 수도 있다. 자신과 주변 사람
들에 대해 제대로 파악하기 위해 우선 여성들의 인
간관계에 있어 열쇠가 되는 핵심 키워드를 분석해
보자. 또한 인생에서 피해 갈 수 없는 행사나 절차
등에 대한 대처방법도 알아보자.

여자의 인간관계와
감정을 이해하는
핵심 키워드

가치관

의미 : 가치를 판단할 때 기준이 되는 생각
유의어 : 가치기준 / 가치판단
사용방법 : 가치관이 맞는 친구와 있으면 편하다

뭔가를 결정하거나 선택할 때 기준이 되는 가치관은 사람마다 각기 다르다. 살아온 환경과 시간이 다르기 때문에 당연한 일이다. 이 차이가 있기 때문에 다른 사람과의 교류가 재미있는 것이며, 새로운 상품과 예술이 탄생할 수 있는 것이다.

하지만 자신의 가치관만 옳다고 주장하며 다른 사람의 생각을 부정하는 사람도 있다. 가장 흔하게 나타나는 형태가 '너를 위한 일'이라고 포장된 강요다. 너를 위한 일이니까 내 말대로 하라는 형태다. 간접적으로 상대방의 가치관을 부정하며 자신의 가치관이 옳다고 강요하는 것이다.

직장 상사가 이런 식으로 밀어붙이면 어쩔 수 없이 수용해야 하는 경우가 많다. 동조하지 않으면 '너를 위한 일'이 이어지면서 공격적인 보복이 시작되기도 한다.

가치관은 각자 다른 것이 당연하다. 상대방의 가치관을 부정하지 말고 자신의 가치관을 강요하지 않도록 해야 한다. 다양한 가치관을 받아들이면 즐겁고 의미 있는 삶을 보낼 수 있다.

감정적

감정에는 행복, 즐거움과 같은 긍정적인 감정과 분노, 슬픔 같은 부정적인 감정 등 다양한 것이 있다. 하지만 '감정적'이라는 표현이 사용될 때 '감정'은 부정적인 의미로 쓰인다.

어떤 상황에서 감정적이 될까? 예를 들면 '평소에는 얌전한데 가끔씩 감정적이 되는 사람'은 늘 자신의 감정을 억제하고 인내하는 유형이다. 인내가 쌓이고 쌓여서 더는 억누를 수 없을 때 감정이 폭발하게 된다. 이런 유형의 사람은 감정을 쌓아두지 말고 반대로 일상에서 인내하는 횟수를 줄여 감정을 조금씩 해소해가면 감정이 폭발하는 것을 막을 수 있다. 자기주장을 하는 법을 연습하는 것도 좋다. 주변에 이런 유형이 있다면 그 사람에게 부담이나 인내를 강요하지 않도록 조심하면 어느 정도는 문제를 미연에 방지할 수 있다.

한편 평소에 자주 사소한 일로 감정적이 되는 사람도 있다. 다른 사람의 눈에는 본인이 내키는 대로 행동하는 듯 보인다. 이런 유형의 사람도 우울한 감정을 안고 있다. 일상생활이나 과거의 경험, 혹은 다른 문제를 안고 있는데 그 문제가 당사자에게는 감당할 수 없을 정도로 벅차서 사소한 일에도 감정이 폭발한다. 하지만 아무리 직장에서 감정적으로 일해도 가정의 문제는 아무것도 해결되지 않는 것처럼, 문제의 원인은 다른 곳에 있으므로 엉뚱한 데다 화풀이해봐야 소용없다. 오히려 사람들이 거리를 두려고 하거나 반발해 스트레스만 더욱 가중될 뿐이다.

여성은 감정적이므로 상사로 적합하지 않은가?

여성 상사는 감정적이어서 별로라는 사람이 있다. 히스테릭하고 감정 기복이 심하며 깐깐해서 꺼려진다는 것이다.

실제로 여성은 세심한 부분까지 체크하므로 부하직원에게도 꼼꼼하게 요구하는 경향이 있다. 또한 직장에서 승진하는 과정에서 남성보다 더 높은 성과를 내지 않으면 평가를 받지 못하는 환경에서 싸워왔기 때문에 주변 사람에게 받는 압박도 크다. 이런 탓에 좋은 평가를 받고, 확실한 결과를 내려는 성향이 강하다. 당연히 같이 일하는 직원들에 대한 기대치가 높아져서 자신이 기대하는 결과를 내지 못하면 감정적이 되기도 한다. 하지만 이는 여성에게만 해당하는 이야기가 아니라 남성도 마찬가지임을 알아야 한다.

상대방이 감정적이 되었을 때 이쪽은 오히려 침착해져야 한다. 상대방의 이야기를 들으면서 공감하거나, 반대로 거리를 두거나 하는 방법으로 같은 감정에 휘말리지 않도록 해야 한다.

거리감

의미 : 타인과의 관계에서 필요한 균형감각
유의어 : 가깝지도 멀지도 않음 / 친근함 / 적당한 관계
장면 : 직장동료에게 사적인 질문을 받았을 때

상대방과 거리가 너무 가까워지면 그 인간관계가 스트레스로 이어지는 일이 발생한다. 너무 가까워지다 보면 상대방의 단점이 보이게 되기 때문이다. 혹은 관계가 가까워짐으로써 편안함을 느끼게 되어 자신도 모르게 상대방에 대해 함부로 이야기하기도 한다. 하지만 누구나 타인에게 침범당하고 싶지 않은 자신만의 영역이 있다. 이 영역을 타인이 알아내기란 쉽지 않은 일이다. 본인조차 모르는 경우도 있기 때문이다.

특히 조심해야 할 부분은 소문이나 험담이다. 이런 종류의 화제는 그 자리의 분위기를 달아오르게도 하지만 아주 가까운 사람이 아닌 한 사적인 화제에 대한 이야기는 적절한 범위에서 선을 긋는 것이 현명하다.

타인에게 자신의 사생활을 모두 공개하지 않는 것이 철칙이다. 냉정하게 보이더라도 스트레스를 느끼는 것보다 훨씬 쾌적한 거리감을 유지할 수 있다.

41

거짓 눈물

의미 : 우는 척하는 것
유의어 : 악어의 눈물 / 우는 연기
장면 : 일을 원만하게 마무리하고 싶을 때 / 자신의 욕구를 충족시키고 싶을 때

거짓 눈물은 의도적으로 눈물을 흘려 자신의 불리한 상황을 어떻게 해서든 빠져나가려는 행위다. 남성은 어릴 때부터 "남자는 울면 안 돼"라는 말을 들으며 성장하면서 감정을 억누르도록 교육받아왔다. 반면 여성의 경우 "괜찮아?" "무슨 일 있었어?"라며 다정한 말로 우는 사람을 달래준다.

울지 않는 아이는 오히려 "아이답지 않네"라는 말을 듣기도 한다. 눈물을 흘리면 주변 사람들이 친절하게 말을 걸어주고 걱정해주는 이런 경험을 바탕으로 자신이 불리한 상황에서 탈출하기 위해 거짓 눈물을 흘리는 사람들이 생겨났다.

단, 옆에서 슬퍼하는 사람의 기분을 달래주기 위해 따라서 눈물을 흘리는 것은 약간의 연기가 더해졌다고 하더라도 배려하는 마음이 담긴 거짓 눈물이라 할 수 있다.

거짓 눈물을 자주 흘리면 위선적인 사람이라는 평가를 받게 될 것이다. 하지만 상대방의 기분을 헤아려 따라서 우는 것은 결코 나쁘다고 할 수 없다.

거짓말

의미 : 다른 사람을 속이기 위한 말
유의어 : 허언 / 위선 / 날조 / 만든 말
사용방법 : "내일은 집안 제사라서…"라고 거짓말을 한다

거짓말을 하는 이유는 사람마다 다양하다. 처세나 자신의 이익을 얻기 위한 목적으로 범죄행위에 가담하는 거짓말도 있는가 하면 착각이나 기억 상실로 인해 하게 되는, 나쁜 의도를 지니지 않은 거짓말도 있다. 또한 상대방에게 상처를 주지 않기 위해 애써 하는 거짓말도 있다.

사람들이 늘 진실만을 말한다면 우리는 평온한 인간관계를 구축할 수 없다. 악의가 있는 거짓말은 안 되지만 풍파를 일으키지 않기 위한 거짓말은 어쩔 수 없는 것으로 봐야 한다.

어떠한 자리의 분위기를 해치지 않고 친구나 동료와의 관계를 유지하기 위해 속마음을 숨기는 경우도 있다. 비록 자신의 의견과 다르지만 어쩔 수 없이 상대방에게 동조하는 말과 행동을 하고, 그것이 결국 거짓말을 낳게 되는 상황이 생기기도 한다. 거짓말을 하지 않는 것이 가장 좋겠지만, 인간관계를 원만하게 하기 위한 적절한 거짓말은 대화 기술 중 하나임을 명심하고 있어야 한다.

이익을 얻기 위해 거짓말을 늘어놓는 사람은 인간성을 의심받는다. 악의가 없는 거짓말도 상대방에게 상처를 줄 수 있으므로 배려가 필요하다.

여자의 인간관계와 감정을 이해하는 핵심 키워드

견제

의미 : 상대방의 자유로운 행동을 막아 자신에게 유리하게 하는 것
유의어 : 방해하다 / 새치기하다 / 훼방 놓다 / 가로막다
장면 : 라이벌 관계임을 알았을 때

누군가가 일에서 성공하거나, 연애가 잘 풀리거나 하면 예외 없이 "연줄이 있었으니까" "운이 좋았을 뿐"이라며 찬물을 끼얹는 사람들이 있다. 질투심이 작용해 라이벌이라고 생각하던 사람의 성공을 축하해주지 못하고 그의 발목을 잡으려는 것이다. 연애에서 경쟁관계에 있다면 두 사람이 가까워지지 못하도록 두 사람 사이를 방해하는 행동을 한다. 이런 사람은 가까이 다가오지 못하도록 모든 수를 써야 한다.

하지만 질투심이나 라이벌 의식을 무조건 나쁘다고 할 수만은 없다. 라이벌에게 패배하지 않겠다는 의지가 자극제가 된다면 자기 발전을 목표로 한 단계 더 성장할 수 있다.

누군가의 성공을 견제하는 사람의 마음에는 질투심이 깔려 있다. 라이벌에게 패배하고 싶지 않은 마음을 긍정적으로 전환한다면 한층 더 성장할 수 있을 것이다.

결탁

의미 : 미리 짜고 서로를 보호해주는 것
유의어 : 공모하다 / 힘을 합하다 / 동맹관계를 맺다
장면 : 힘없는 처지를 통감할 때

예전부터 여성은 약자의 입장에서 자신보다 더 약한 아이를 보호해야 하는 책임을 지고 있어 남들과 결탁해왔다. 여성들의 모임을 만들어 푸념을 하는 관계는 이런 경향의 표현 중 하나다. 고달픔과 고민을 서로 나눔으로써 공동의 적, 이를테면 불합리한 직장, 폭력적인 남편, 여성의 지위 향상을 용납하지 않는 남성 중심 사회 등에 조금이라도 맞설 수 있기 때문이다.

결탁하는 것은 여성에게 장점이 많다. 하지만 겉으로 결탁하는 듯 보여도 그 안에서는 미묘한 계급질서가 존재하며 '자신이 그들보다 우월하다'는 것을 확인하고 안심하는 여성도 있다. 결탁을 지나치게 견고한 관계로 생각하면 이런 문제가 발생하므로 필요 이상으로 의지하지 않는 것이 좋다.

결탁하는 것은 자기방어의 일종이다. 혼자 고민하지 말고 도움받을 수 있는 부분이라면 동성에게 부탁하자. 다만 지나치게 의지하면 계급질서에 관련된 문제에 휘말릴 수 있으므로 주의해야 한다.

45

여자의 인간관계와 감정을 이해하는 핵심 키워드

결혼

의미 : 사회적·공적으로 배우자 관계가 되는 것
유의어 : 혼인 / 가족관계 / 부부의 인연
사용방법 : "이제 슬슬 결혼 이야기가 나와야 하는 거 아냐?"

여성에게 결혼은 중요한 의미를 가진다. 안타깝지만 여성이 결혼하고 아이를 가지면 지금까지 쌓아온 경력이 단절되는 일이 비일비재하다. 하지만 남성은 이런 일이 거의 없다. 게다가 결혼과 출산만으로도 벅찬데 육아와 가사까지 여성이 부담하는 것을 당연시하는 분위기가 아직까지도 사회에 만연해 있다.

아이의 친구 엄마와의 모임 등 결혼을 하면 주변 인간관계도 크게 변한다. 그리고 시부모와의 관계도 구축해가야 한다. 한마디로 환경이 완전히 달라지는 것이다. 그렇게 생각하면 여성이 자신의 경력을 위해 결혼하지 않을 수도 있다. 또한 결혼적령기에 대한 인식이 주변 사람들과 다른 경우도 있을 것이다.

중요한 것은 결혼 이외의 선택지

여성이 미혼으로 지내다 보면 부모님이나 주변 사람들에게 "결혼 안 하니?"라는 질문을 여러 차례 받게 되기도 한다. 대부분의 독신 여성이 스트레스로 느끼는 부분이다.

이 스트레스를 회피하려면 상대방이 왜 "결혼하지 않느냐?"고 묻는지 그 이유를 알 필요가 있다. 내게 왜 그런 말로 스트레스를 주는지 이유를 알면 대비할 수 있다.

가장 큰 이유는 결혼을 한 입장에서 그렇지 않은 사람에 대해 스스로 우월감을 느끼려고 하기 때문이다. 이는 또래의 친구들 사이에서 자주 벌어지는 상황으로, 사실은 경력을 충실히 쌓고 있는 당신을 질투한다는 것을 인정하고 싶지 않기 때문일 수도 있다.

이를 방지하려면 반대로 이쪽에서 먼저 결혼한 친구에게 결혼하기 전 연애담이나 지금의 행복한 가정생활에 대해 질문하면 된다. 그러면 그녀는 자신의 행복을 부각시키는 데 열중해 다른 주제에는 관심이 사라진다. 그중에는 자신의 결혼생활이 불행해 이를 고민하고 있을 가능성도 있는데, 이런 경우라면 자신의 우월감을 표현하기 위해 거짓을 꾸며내려고 안간힘을 쓸 것이다.

물론 가장 좋은 방법은 그런 질문에 아무렇지도 않을 정도로 만족스러운 생활을 하는 것이다. 이는 여러분의 장래를 걱정하는 부모님을 포함해 누구에게나 유효한 방법이다.

주위의 분위기에 휘말려 결혼하면 결코 행복해질 수 없다. 여러분에게 결혼을 권하는 친구조차 사실은 그런 식으로 분위기에 휘말려 결혼한 것을 후회할 수도 있다.

여자의 인간관계와 감정을 이해하는 핵심 키워드

결혼 전 우울증

의미 : 결혼이 가까워지면서 불안감이나 권태감이 증폭되는 상태
유의어 : 산후 우울증
장면 : 주로 결혼을 앞둔 여성

결혼은 기쁜 일이지만 당사자에게는 큰 스트레스이자 불안의 대상이기도 하다. 결혼이 임박해오면서 기대감은 잦아들고 '정말 이 사람과 결혼해도 괜찮을까?' '결혼하면 시댁 식구들과 잘 지낼 수 있을까?' 같은 부정적인 감정이 밀려오면서 결혼 전 우울증(Marriage Blue)을 경험하는 사람이 있다.

미국의 사회학자 홈즈는 결혼, 취직 등의 이벤트는 사람에게 큰 불안감을 초래한다고 말한다. 불안감의 크기는 자신에게 도움이 되는 일인지 아닌지보다 앞으로 환경과 생활이 얼마나 크게 변화하는가에 따라 결정된다고 말한다.

결혼은 생활과 환경이 완전히 달라지는 일이므로 결혼 전 우울증을 겪는 것은 당연하다. 하지만 결혼 준비를 진행하는 동안 이러한 감정은 자연스럽게 진정된다. '이 감정은 일시적인 것'이라는 사실을 인지하고 심각하게 생각하지 않도록 하자.

결혼 전 우울증은 대부분의 사람에게는 일시적인 감정으로, 결혼 준비를 진행하는 동안 진정되어간다. 하지만 결혼 상대가 적절한 도움을 주지 않으면 마음이 멀어질 가능성도 있다.

고부문제

의미 : 아내와 시어머니 사이에서 일어나는 일상적인 갈등과 충돌
유의어 : 두 세대의 동거 / 며느리 / 마마보이 남편
장면 : 남편의 본가 / 두 세대 주택

친정을 떠나 다른 집으로 시집간다는 의식이 강했던 시대에는 며느리를 하녀처럼 부리는 등 노골적인 시집살이가 많았지만 현대의 고부문제는 시어머니의 간섭으로 일어날 때가 많다. 아이에게 주는 용돈의 금액이나 음식과 같은 여러 육아방식에서의 차이가 있으며 그 외에도 음식의 간 맞추기 등이 있다. 이와 같은 갈등으로 시부모와 함께 살아야 할지 고민한다.

고부문제를 해소하려면 남편의 협력이 반드시 뒷받침되어야 하지만 자신의 엄마를 흉보면 발끈해 부부싸움으로 번지기도 한다. 남편의 엄마로서 시어머니를 존중하되 남편에게는 엄마와 분명한 선을 긋도록 하고, 자신의 의견을 말해야 할 때는 남편에게 맡기지 말고 직접 전하는 편이 깔끔하다. 평소엔 감사의 마음을 충분히 전해 좋은 관계를 유지하도록 한다.

시어머니의 지나친 간섭을 막으려면 남편이 가장으로서 자신과 엄마의 관계를 명확히 하는 한편, 아내·자녀와의 유대를 공고히 해 부부의 신뢰관계를 쌓아가는 방법이 가장 좋다.

여자의 인간관계와 감정을 이해하는 핵심 키워드

고자세

의미 : 자신의 위치가 상대방보다 높은 듯한 태도나 어투를 취하는 것
유의어 : 명령어조 / 고압적인 태도
사용방법 : 고자세로 말하다

노골적으로 깔보는 듯한 태도를 취하거나 걸핏하면 명령어조로 말하는
등 고자세인 사람들은 다른 사람들과 원만하게 교류하기 힘들다. 고자세
인 사람 중에는 자존심이 강해 자신감이 없는 모습을 들키고 싶지 않아서
잘난 척을 하는 경우가 많다. 자신의 생각이나 하고 있는 일이 절대적으로
옳다고 생각하는 사고가 밑바닥에 깔려 있기 때문에 태도나 말투에서 다
른 사람을 부정하는 형태가 쉽게 나타난다. 상대방의 기분까지 고려하지
않기 때문에 단점을 노골적으로 지적하기도 한다.

이런 행동 뒤에는 상대방을 낮게 평가함으로써 자신의 우월감을 증명하
려는 심리가 숨겨져 있다. 집단에 고자세인 사람이 있으면 상대방보다 우위
에 서려는 태도가 일상화되므로 그 집단의 분위기가 나빠질 가능성이 높다.

고자세인 사람은 자신의 상태를 깨닫지 못하는 경우가 많기 때문에 자
신은 고자세가 아니라고 단정하는 일은 섣부른 판단이다. 남의 일이라고
만 생각하지 말고 평소 자신의 행동을 체크해보자.

고향 친구

의미 : 태어나고 자란 지역의 친구
유의어 : 어릴 때 친구 / 학교 친구
장소 : 초중고를 다닌 지역

고향을 벗어난 지역에 있는 대학에 입학하면 대개 고등학교 시절까지의 친구와는 연락이 끊어지기 쉽다. 그나마 대학생 때는 고향에 올 때마다 만날 수도 있겠지만, 취직 후엔 서로 바빠지고 회사 상사나 동료 등과의 인간관계도 늘어나서 고향을 방문하기가 힘들어진다. 하지만 고향 친

구와의 인연은 조금씩이라도 이어가는 편이 좋다.

어릴 때부터 함께 자랐기 때문에 서로의 단점이나 과거의 연애사를 포함해 상대방에 대해 상세히 알고 있으며, 오랜 시간 소원했더라도 언제든 반갑게 맞아줄 수 있다. 실연을 하거나 큰 실패를 겪거나 골치 아픈 문제가 있을 때 돌아갈 수 있는 장소이기도 하며, 직접적인 이해관계가 없으므로 객관적인 조언이나 충고를 해줄 수 있는 존재이기도 하다. 고향 친구들과 만나면 그 시절로 돌아간 듯한 기분을 느낄 수도 있다. 스트레스가 쌓였을 때 고향 친구를 만나면 기분이 좋아질 것이다.

어른이 된 이후에는 학창 시절 친구처럼 무엇이든 마음을 터놓고 이야기할 수 있는 친구를 사귀기가 힘들다. 그러니 약하게라도 고향 친구들과의 인간관계를 이어가는 게 좋다.

51

공감

의미 : 다른 사람의 생각이나 감정을 자신도 똑같이 느끼는 것
유의어 : 동감 / 공명 / 동정
사용방법 : 고민을 털어놓았더니 공감해주어서 마음이 안정되었다

공감이란 상대방이 느끼고 생각한 것을 마치 자신의 일인 양 똑같이 기뻐하고 슬퍼하는 것을 말한다. 여성은 공감 욕구가 강해서 주위 사람들이 공감해주기를 원하는 경향이 있다. 대화를 하며 "이해해~ 맞아~"하며 맞장구치는 것도 이 때문이다.

이야기를 할 때 상대방이 공감해주면 안정감을 얻고 친밀감이 쌓인다. 그래서 걱정거리가 생기면 함께 생각하거나 고민해주기를 바란다.

따라서 해결책을 제안하기 전에 "정말 힘들겠다. 나도 이해해"하면서 상대방의 감정에 최대한 가까이 다가가야 한다는 사실을 명심하자. 공감능력이 있는 사람은 신뢰를 얻기 쉽다.

다만 지나치게 상대방의 감정에 이입하게 되면 피곤해진다. 다른 사람을 대할 때에는 항상 자신을 잃지 않도록 중심을 잡아야 한다.

공감능력이 뛰어난 여성은 다른 사람의 감정이나 기분을 잘 이해한다. 공감능력이 있으면 주위 사람들의 신뢰를 얻기가 쉽다.

과도한 칭찬

의미 : 필요 이상으로 칭찬해 실패하게 만드는 것
관련어 : 역효과 / 긁어 부스럼
장면 : 상대방을 치켜세우거나 환심을 사려고 할 때

본래는 '과도한 칭찬으로 방심해 나태해지거나 자제력을 잃어 실패한다'는 의미였지만 이 뜻이 바뀌어 일부러 과하게 칭찬해 상대방의 실수를 유도한다는 의미로 사용하게 되었다. 지금은 칭찬 속에 비아냥거림을 담아 말하는 행위를 가리킬 때가 많다.

사람은 누구나 칭찬을 들으면 기뻐한다. 하지만 그 기쁨에 너무 들뜨면 겸손함을 잃고 주위 사람들을 배려하는 마음을 잊기 쉽다. 리스크나 난이도를 과소평가해 맹목적으로 밀어붙이면 실패나 실수를 저지를 가능성이 높아진다. 칭찬의 말 속에 비아냥거림이 느껴진다면 감정적으로 반응하기보다 상대방의 전략에 말려들지 않도록 조심해야 한다. '칭찬에 우쭐대지 말고, 비난에 기죽지 않는' 평정심을 가져야 한다.

독이 되는 칭찬은 인간심리의 약점을 간파한 효과적인 방법이다. 상대방의 칭찬에 겸허한 자세를 유지하는 것이 중요하다. 상대방의 전략에 말려들지 않도록 주의해야 한다.

여자의 인간관계와 감정을 이해하는 핵심 키워드

관심 있는 척

의미 : 어떤 대상에 대해 특별히 관심 있는 척 행동하는 것
유의어 : 흥미가 있는 척 연기하다 / 관심 있는 척 위장하다
사용방법 : 그 영화에 관심 있는 척했다

관심이 없는데도 관심 있는 척해야 할 때가 있다. 이는 사회에서 살아가기 위한 처세술 중 하나다. 소개팅에 나가기 싫은데도 "어떤 사람이 나오니?"라며 관심 있는 척하거나, 친구의 애인자랑에는 '또 시작인가'라고 생각하지만 "그래서, 어떻게 됐어?"라며 관심 있는 척 연기한다.

이러한 것은 정신적으로 피곤한 일이지만 그 자리를 원만하게 마무리하지 않으면 후에 악영향이 나타날 수 있으므로 참고 견디는 것이다. 그 자리를 벗어나기 위해서는 이렇듯 관심 있는 척을 해야 한다. 이렇게 관심 있는 척을 계속하다 보면 지치기도 하지만, 다른 한편으로는 진심으로 관심을 가질 수 있는 대상과 만날 기회가 되기도 한다.

상대방의 얼굴을 보면서 미소 지으며 적당히 맞장구를 치는 행동은 사회인으로서 갖추어야 할 필수 요건이다. 그렇게 되면 커뮤니케이션 능력이 높은 사람이라는 평가를 받을 것이다.

2장

구박

의미 : 처지가 자신보다 못한 사람을 못 견디게 괴롭히는 것
유의어 : 심술 / 들볶다 / 못살게 굴다
사용방법 : 마음에 들지 않는 부하직원을 상사가 구박하다

구박이라는 말 속엔 '오랜 시간에 걸쳐 괴롭히다'라는 의미가 있다. 그 모양이 약한 불에 오랫동안 깨를 볶는 모습과 비슷하다고 해서 '들볶는다'고 말하기도 한다. 시어머니가 며느리를 구박하고, 새로운 모임에 참여한 신입 회원에게 텃세를 부리고, 모임 안에서도 어떤 한 사람을 구박하기도 한다.

어째서 사람을 구박하는 행위가 나타나는 걸까? 그 이유로는 집단 속에서 무리를 지어 자신과 공감하는 사람을 얻으려는 경향이 있기 때문이 아닐까 생각한다.

구박하는 사람은 스스로에게 자신이 없고, 주변 사람을 나락으로 몰아세워 자신이 우위에 서려고 한다. 직장이라는 집단 속에서 자신의 뜻에 따르지 않는 사람이 나타나면 공감을 얻지 못할 것이라고 판단하는 것이다. 능력이 뛰어난 사람이 나타나면 자신의 자리가 위험해질 것이라고 생각하고 배제시키려고 한다. 이런 심리가 부정적으로 뿌리를 내리면 구박이라는 행동으로 이어진다.

공격을 받더라도 당당한 태도로 평정을 유지하는 것이 중요하다. 다만 견디기 힘들다면 그 자리에서 벗어나는 방법도 고려하라.

여자의 인간관계와 감정을 이해하는 핵심 키워드

군중심리

의미 : 집단 속에서 생겨난 특수한 심리상태
유의어 : 분위기 / 부화뇌동
장면 : 소문이 점점 퍼져나갈 때

군중심리는 '집단심리'라고도 하며 그 무리에서만 만들어지는 특수한 심리상태를 말한다. 물리적으로 함께 있으면 군중심리가 더욱 강하게 작용하겠지만 인터넷과 같은 공간을 초월한 연결에서도 이런 심리상태가 발생할 수 있다.

군중심리의 특징으로는 '집단에 매몰됨으로써 익명성이 보장되는 듯하다' '주위 사람들에게 휩쓸리기 쉽다' 등을 들 수 있다. 그 결과 한 사람의 언동이 연쇄적으로 집단에게 전염된다.

또한 군중 속에 숨어 있어 익명성이 보장되는 듯한 느낌에 '대담해지는' 현상이 일어난다. 그렇기 때문에 평소와 달리 냉정한 판단이 어려워진다. 어떤 강한 충격이나 유혹이 발생하면 순식간에 다른 감정이 전염되어 퍼지는 일도 흔하다. 이처럼 군중심리는 매우 불안정하고 변화무쌍한 것이 중요한 특징이다.

군중심리가 긍정적인 방향으로 움직일 때도 있지만…

군중심리가 긍정적인 방향으로 작용하면 용기를 내어 자신의 주장을 말하거나, 서로 격려하며 힘을 북돋아줄 수도 있다. 하지만 그러한 상황은 극히 드물다.

자신이 군중의 일부라고만 생각하게 되면 평소보다 더욱 대담해지며, 다른 사람에 대한 배려심이나 신중함을 잃게 되기 쉽다. 군중에 숨어서 얻게 되는 익명성으로 인한 안도감은 내재되어 있던 공격성을 끌어낸다. 그러다가 군중 전체가 공포감에 휩싸이는 사태가 발생하면 지금까지 안도감을 주었던 거대한 집단의 모든 것이 공포의 대상이 되면서 점차 패닉 상태가 되어간다.

군중이 폭주하기 시작하면 개인이 이를 저지하기란 거의 불가능하다. 그러므로 이런 군중심리에 휩쓸리지 않기 위해 주의하며, 가능한 냉정하게 대처하도록 노력해야 한다.

권위에 약한 사람이나 고독감을 잘 느끼는 사람일수록 군중심리에 휩쓸리기 쉽다. 이런 사람은 자신의 성향을 자각해 자신에게 집중하는 시간을 가지고 자신의 생각을 우선하도록 노력해야 한다.

여자의 인간관계와 감정을 이해하는 핵심 키워드

귀성

의미 : 설날이나 추석 등에 고향으로 돌아가는 것
유의어 : 귀향 / 고향 방문
장소 : 본가 / 시골

미혼인 사람이 고향 집에 갔을 때 가장 듣기 싫은 소리가 부모님이나 친척들에게 "애인은 있니? 결혼은 안 하니?"라는 말이라고 한다. 매번 고향 집을 찾을 때마다 듣는 이러한 말들이 성가셔서 본가로 향하는 발걸음이 무거워진다.

나이가 들수록 이런 말들이 더 아프게 느껴진다. 가끔 결혼을 해서 아이가 있는 친구를 만나면 "왜 결혼 안 해? 눈이 너무 높은 거 아냐?" "독신이니까 자유로워서 좋겠다. 부러워~"라는 말을 듣기도 한다.

부모님은 자녀가 결혼을 해서 행복해지기 바라는 마음으로 하는 말일 수도 있다. 하지만 그 안에는 '결혼을 해야 어른이 된다'라는 낡은 고정관념과, 자식이 미혼으로 계속 혼자 지내면 부모로서 체면이 서지 않는다는 등 딸의 행복보다는 자신의 체면을 중요시 여기는 사고방식 때문일 가능성도 크다.

만약 원래 사이가 좋지 않았던 부모와 자식이라면 이러한 말들로 인해 관계는 점점 악화된다. 간간이 부모님이 그리워도, 고향 친구들이 생각나도 지난 방문 때 들었던 말들이 떠오르면서 귀성하고 싶은 마음이 점점 줄어드는 것이다.

시댁은 며느리의 지옥

시댁으로의 귀성 또한 이 못지않게 부담이 된다. 설날과 추석 연휴기간 동안 자주 볼 수 있는 장면이 기차역 플랫폼에서 환한 얼굴로 손자를 안고 있는 부모님의 모습이다. 하지만 이런 장면을 흐뭇하게 지켜보는 남편과 달리 며느리는 마음속으로 한숨을 쉬고 있는 것이 현실이다.

이 고단함의 원인은 바로 시어머니와의 관계에 있다. 현대에는 이 관계성이 점차 변화하고 있다고는 하지만 녹록할 리가 없다. 며느리도 그 정도는 각오하고 시댁을 찾았겠지만, 아무리 신경 써서 부엌일을 해도 일일이 지적을 당하고 호되게 잔소리를 들으면 다시는 시댁에 오지 않겠다고 선언하고 싶어질 것이다.

게다가 아이가 없다면 "빨리 손자 얼굴을 보고 싶다"는 말에 부글부글 속이 끓어오른다. 더욱 화가 나는 것은 시어머니는 전혀 악의가 없으며, 자신의 말이 며느리에게 상처를 준다는 사실조차 인식하지 못한다는 점이다. 또한 며느리는 시누이의 무신경한 행동에 욱하고, 일가친척을 접대하며 정신없이 부엌일을 하게 된다. 자신의 생각대로 할 수 없다는 사실을 잘 알면서도 답답하고 피곤한 귀성을 매년 반복하고 있는 것이다.

부모님을 찾아뵙는 일도 중요하지만 연휴는 쉬기 위한 것임을 확실하게 인지하고, 때로는 자신의 의견을 우선할 필요도 있다. 귀성할 때는 자원봉사라고 생각하면 마음이 한결 가벼워질 것이다.

여자의 인간관계와 감정을 이해하는 핵심 키워드

그룹

의미 : 여러 명의 사람들이 모이는 것
유의어 : 집단 / 파벌 / 무리 / 한패
장면 : 혼자서 사회를 살아가기가 힘들다고 느낄 때

그룹을 지어 행동하기를 좋아하는 여성이 많은 것은 아이와 일상생활을 유지하기 위해 외부의 침입으로부터 집단을 지켜야 했기 때문이다. 자기 자신만을 보호하는 것보다도 집단의 내부를 유지·관리하는 쪽으로 능력이 특화된 것이다. 여기에 필요한 것은 개인의 체력보다는 사람들과의 협동심이다.

그룹의 잘못된 사고방식을 무비판적으로 받아들인다면⋯

여성이 그룹으로 행동하는 것에는 현대에서도 몇 가지 장점이 있다. 현대 사회에서 맹수에게 습격을 당할 일은 거의 없지만 여성을 표적으로 한 범죄자로부터 몸을 보호할 수 있고, 여성끼리 결속함으로써 남성 우위의 사회에서 살아남는 데 힘을 발휘할 수도 있다. 여성끼리의 고민을 공유하며 해결책을 함께 찾을 수도 있다.

반면 단점도 있다. 그룹 안에서 공유되는 사고를 무비판적으로 받아들여 맹신하는 상황이 벌어져서 잘못된 판단을 하는 경우도 생긴다. 이를테면 자신의 그룹에 속하지 않은 사람들을 따돌리거나 괴롭히기도 하는 것이다.

여성 중에서도 특히 그룹을 지어 행동하고 싶어 하는 사람은 이런 경향이 두드러진다. 외톨이가 되는 것에 대한 공포를 느끼기 때문에 그룹 내의 의견이 틀렸다는 사실을 알고 있더라도 자신이 그룹에서 왕따당하고 싶지 않으므로 입을 다물어버린다.

그룹에 속하기를 싫어하는 사람은…

모두가 같은 방향을 향하는 방식에 위화감을 느끼는 사람도 있다. 이른바 자유인이다. 그룹에 속했을 때의 안도감을 얻을 수 없다는 것과 다양한 의견을 교환할 수 없다는 단점이 있지만 그런 만큼 자신만의 시간을 확보할 수 있고, 독창적인 발상을 할 수 있다는 장점이 있다.

그룹에 속하는 것과 속하지 않는 것, 양쪽 모두 일장일단이 있다. 그러므로 어느 쪽을 선택할지는 개인의 성향에 달려 있다.

만약 그룹에 속해 있다면 자신의 주관을 분명하게 가지고 있어야 한다. 그렇지 않으면 다수의 생각에 휘말려 자칫 그릇된 판단을 하게 될 위험이 있다.

여자의 인간관계와 감정을 이해하는 핵심 키워드

그룹채팅

의미 : 3명 이상의 그룹으로 채팅하는 기능
유의어 : 단톡방 / 단체방
장면 : 언제든 부담 없이 그룹으로 대화하고 싶을 때

스마트폰을 이용하는 SNS(Social Network Service) 가운데 완전히 정착한 것이 카카오톡이다. 1 대 1 대화는 물론이고 3인 이상의 대화(그룹 채팅)에도 매우 편리한 커뮤니케이션 앱이다. 카카오톡을 친목 모임으로 활용하는 사람도 많다.

하지만 단톡방의 문제점도 있다. 가벼운 기분으로 참여한다면 괜찮겠지만, 채팅방에 올라오는 모든 대화에 일일이 리액션을 해야만 할 것 같은 압박감을 받는다고 말하는 사람이 많다. 사이가 별로 좋지 않은 사람이 같은 채팅방 안에 있을 때는, 내키지 않지만 그 사람의 생일축하 메시지를 보내야 한다거나 가고 싶지 않은 행사에 불참의사를 밝히기 어려운 상황 등에 직면하기도 한다.

원래 SNS는 부담 없는 것

일단 그룹 대화방에 참여하면 자신이 한 발언에 누군가가 답을 다는 행위가 마치 뫼비우스의 띠처럼 계속 반복되면서 끊임없이 알림음이 울리는 것도 문제다. 이런 문제로 골치가 아프다면 그만큼 현실 세계에 충실하다는 증거일 수도 있고, 다른 고민이 많아서 카톡까지 신경 쓰고 싶지 않을 수도 있다.

어쨌든 끊임없이 울리는 알림음에 스트레스를 느낀다면 '알겠습니다' '공지 감사합니다' 정도의 무난한 답으로 마무리하면 된다.

커뮤니케이션 수단은 다양하다

다만 읽씹(글을 읽고 답을 하지 않는 것)이나 이모티콘만 올리면 상대방의 기분이 상할 수 있으므로 '바빠서 답을 제대로 하지 못했어. 미안' 등의 말을 하는 것이 좋다. 만약 당신의 이런 대응에 상대가 별 반응이 없더라도 카톡이 커뮤니케이션의 전부가 아니라는 점을 명확하게 인지하면 스트레스를 덜 수 있다. 오히려 빈번하게 답장을 보내는 행위가 다른 사람들을 질리게 만들 수도 있다.

어쩌면 사람들은 그룹채팅의 매너에 생각보다 무신경할 수도 있다. 그러니 카톡과 같은 앱을 현실 커뮤니케이션의 보조적 수단 정도로만 생각하자.

여자의 인간관계와 감정을 이해하는 핵심 키워드

긴 통화

의미 : 오랜 시간 전화로 이야기하는 것
유의어 : 긴 수다 / 장문 문자
장면 : 누군가에게 푸념을 하고 싶을 때

  선천적으로 협동심이 뛰어난 여성은 대화에서도 상호 공감을 중시하는 경향이 있다. 전화를 할 때도 단순한 용건만으로 끝나지 않고 푸념을 하거나 자기 자랑을 하며 상대에게 인정받으려고 하기 때문에 통화가 길어지기 쉽다. 통화하는 상대 여성도 동조하는 경향이 강하기 때문에 푸념과 자기 자랑을 하기도 하고, 때로는 조언을 하기 때문에 자연히 대화가 길어진다. 최근에는 카톡 등을 통해 늦은 밤까지 대화를 이어가기도 한다.

  여성은 말 뒤에 숨어 있는 진의를 읽어내는 능력이 뛰어나기 때문에 서로의 목소리를 주고받는 것만으로도 충분히 대화가 가능하다. 즉 직접 만나서 이야기해야 하는 용건도 여성끼리는 전화만으로 충분히 소통이 가능하며, 더불어 서로에게 만족감까지 준다.

  여성은 말이나 목소리만으로 상대방의 진의를 읽어낼 수 있다. 목소리의 톤 등을 통해 현재 긴 통화를 해야 할지 말아야 할지를 판단하도록 하자.

남의 것을 탐내기

의미 : 다른 사람이 가진 것을 욕심내고 원하는 것
유의어 : 남의 떡이 커 보인다
사용방법 : 다른 사람의 물건을 탐내기만 할 뿐, 자신의 것을 나누려 하지 않는다

뭔가를 보여줄 때마다 매번 "그거 나 줘"라고 말하는 사람이 있다. 그 자체를 원한다기보다 "나 줘"라는 말이 습관적으로 입에 배서 무의식적으로 나오는 것이다. 마치 게임을 하는 느낌이므로 거절당해도 그다지 신경 쓰지 않으며, 상대방이 그것을 준다고 해서 고마워하지도 않는다.

욕구를 제어할 수 없는 사람도 자주 "나 줘"라는 말을 한다. 평소 생활에서는 '저걸 갖고 싶다' '이걸 갖고 싶다'고 생각해도 경제적인 사정 등으로 모든 것을 손에 넣기란 불가능한 것이 현실이다. 때문에 욕구불만이 높아지면서 다른 사람의 것을 탐내게 되는 것이다.

상대방보다 우위에 서기 위해 상대방이 가진 것을 탐내는 사람도 있다. 이것이 더 진행되면 물건에서 나아가 연인이나 친구도 빼앗으려고 하므로 주의해야 한다.

"나 줘"라는 말이 습관이 된 사람, 욕구를 제어하지 못하는 사람, 상대방보다 우위에 서려는 사람이 남의 것을 탐낸다.

65

남자친구 자랑

의미 : 교제하는 남자친구를 친한 사람에게 자랑스럽게 보여주는 것
유의어 : 애인 자랑 / 남자친구 과시
사용방법 : SNS로 남자친구를 자랑한다

아무리 친구라도 친구의 애인 이야기를 계속 듣는 건 괴로운 일이다. 여기에 더해 자랑하듯 과시하면 그야말로 고역이라고 느끼는 사람이 더 많을 것이다.

본인의 행복감을 나누고 싶을 뿐이겠지만 "그 사람 진짜 잘생겼지" "이 반지 그 사람이 줬어" "내 애인은 ○○에 근무해" 등등 그의 TMI(Too Much Information)를 나열하며 얼마나 멋진 사람인지를 자랑스럽게 이야기하는 것은 '그런 남자와 교제하는 나는 괜찮은 여자야. 대단하지'라는 자기과시욕의 표현이다.

이런 이야기를 듣고 있는 쪽은 사소한 것들도 모두 과시처럼 들리므로 점점 괴로워진다. 남자친구 자랑이 지나친 것도 문제지만, 듣는 사람이 괴로움을 느끼는 이유는 질투심이 작용하기 때문이라는 점도 있다.

자랑을 하는 사람은 만족하겠지만 듣는 쪽은 조금 괴롭다. 특히 남자친구 자랑은 여자의 질투심을 부추기는 자극제가 된다. 자신의 행복감을 자랑할 때는 적당히 해야 한다.

눈엣가시로 여기다

의미 : 상대방에게 증오심을 품고 공격하려는 마음을 갖는 것
유의어 : 증오의 마음을 품다 / 적대시하다 / 한을 품다 / 적대심을 갖다
사용방법 : 조금 혼냈을 뿐인데 눈엣가시로 여긴다

상대방을 적대시해 미워하는 것을 '눈엣가시로 여긴다'고 한다. 주로 적을 잘 만드는 사람이 눈엣가시가 되기 쉽다.

이런 유형에는 몇 가지 패턴이 있는데, 첫 번째로 눈에 잘 띄는 사람이다. 그들은 주위 사람들의 질투 대상이 되기 쉽다. 마찬가지로 사람들이 선망하는 생활을 하고 있는 사람도 질투를 유발해 적대 대상이 될 수 있다. 두 번째가 남을 배려하지 않는 사람이다. 겸손함이라고는 전혀 찾을 수 없는 사람, 분위기를 읽지 못하는 사람도 적이 생기기 쉽다.

눈엣가시가 되지 않으려면 이런 부분을 조심하면 된다. 하지만 모든 사람을 눈엣가시로 여기고 공격하는 사람도 있으므로 그런 사람과는 가까워지지 않는 것이 최선의 대책이다.

우리 주변에는 눈엣가시가 되기 쉬운 유형의 사람이 있다. 혹시 자신에게 해당 사항이 없는지 체크해볼 필요가 있다. 공격적인 사람과는 가까이 하지 않는 방법도 대책 중 하나다.

67

눈치가 빠르다

의미 : 미처 생각하지 못한 세밀한 부분까지 주의해 신경을 쓰는 것
유의어 : 센스 있다 / 배려심 있다
사용방법 : 눈치가 빠른 사람은 모두에게 사랑받는다

상대방이 무엇을 하고 싶은지, 어떤 부분이 불편한지를 먼저 예측해 상대방이 부담스럽지 않도록 자연스럽게 행동하는 사람을 가리켜 '눈치 빠르다'라고 한다.

눈치가 빠른 사람은 주위 사람들에게 호감도가 높으며 좋은 평가를 받는다. 회사에서도 상사에게 신뢰를 얻고, 부하직원들에게도 선망의 대상이 되는 등 꼭 필요한 인재로 인정받는다.

눈치가 빠른 여성은 남성에게도 인기가 많으며, 결혼 후에도 시부모와의 관계가 원만하고 아이의 친구 엄마들과도 잘 지낸다. 눈치가 없는 여성에 비해 인생의 거친 파도를 잔잔하게 바꾸며 살아갈 확률이 높다고 할 수 있다. 이것만 보면 눈치가 있는 여성은 무조건 인생을 즐겁게 살아갈 것 같지만 세상사가 꼭 그렇지만은 않다.

눈치 빠른 여성은 동성에게 미움을 받는다

눈치 빠른 여성을 주변의 다른 여성들이 차가운 시선으로 바라보기도 한다. 눈치 빠른 여성은 누구보다 먼저 전화를 받고, 누군가 부탁을 하면 자신의 일을 제쳐두고 돕는다. 굳이 다른 사람과 경쟁하려고 하지 않으며, 상사와의 관계도 좋다. 하지만 이런 태도가 주변 다른 여성들에게 눈총을 받는 원인이 된다. 눈치 빠른 여성과 대비되어 자신들이 눈치가 없고 능력이 모자란 듯 보여서 부담스럽다는 것이다.

회사에서는 업무능력과 함께 재치 있는 사람이 될 것을 요구한다. 하지만 업무 성과와는 별도로 여성 직원 간의 배려와 공감도 필요하다. 한

68

쪽에서 과하게 행동하면 일반적인 수준으로 행동하는 사람은 무뚝뚝하게 여겨지기 때문이다. 즉 눈치 있는 그녀는 다른 동료들을 배려하지 않고 혼자 튀려는 사람처럼 보이기도 한다. 이는 단지 회사뿐 아니라 학교나 동아리 활동에서도 마찬가지다.

많은 상황에서 세심하게 배려해주고 눈치 있게 챙겨주는 여성은 사람들로부터 좋은 평가를 받는다. 하지만 좋은 평가를 받으려고 일부러 지나치게 배려하면 오지랖 부린다는 소리를 들으며 오히려 부정적인 눈총을 받을 수도 있다.

상대방이 필요로 하지 않는데 도우려고 하거나, 보답을 바라는 것은 속셈이 그대로 보여서 역효과가 난다. 즉 눈치 빠르게 행동하는 것과 본인만을 위한 배려는 다르다.

눈치 빠른 사람은 좋은 평가를 받지만 본인 위주의 배려가 되지 않도록 주의해야 한다. 보답을 바라지 않는 마음도 중요하다.

여자의 인간관계와 감정을 이해하는 핵심 키워드

다른 사람의 충고를 듣지 않는다

의미 : 다른 사람의 이야기를 제대로 듣지 않거나 건성으로 듣는 것
유의어 : 무시 / 모른 척 / 듣는 귀가 없다 / 쇠귀에 경 읽기 / 마이동풍
장면 : 집중해서 이야기를 듣지 않을 때 / 자신의 이야기만 하는 사람

다른 사람의 이야기를 듣지 않는 사람은 주의 산만한 유형과 거만한 유형으로 나눌 수 있다. 주의 산만한 사람은 듣고 싶어도 곧바로 다른 대상에 주의나 관심이 쏠려서 어쩔 수 없이 듣는 행위에 소홀해진다. 거만한 사람은 자존감이 높지만 그 밑바닥에는 소심함과 두려움이 숨겨져 있는 탓에 다른 사람의 이야기에 진지하게 귀를 기울이지 못한다. 2가지 유형 모두 이야기를 하는 쪽은 상대방이 무시한다고 생각하기 때문에 좋은 인상이나 감정이 생기지 않는다.

상대방이 상사라면 작은 복수를 해올 수도 있다. 출세나 성공을 원한다면 겉으로라도 진지하게 귀를 기울여야 한다. 더구나 다른 사람의 이야기 안에는 참고할 만한 내용이 많다. 내용이 없는 공허한 대화에서도 '저런 식으로 말하지 않는 편이 좋겠다'라며 반면교사로 삼을 수도 있다.

다른 사람의 이야기를 듣지 않으면 상대방은 무시당했다고 느낀다. 자신의 본래 모습과 마주해 자신의 약점과 공포를 감소시키기 위해서라도 다른 사람의 이야기에 귀를 기울이려 노력해야 한다.

단체 미팅

의미 : 처음 만나는 사람들이 친목을 쌓기 위해 만나는 것
유의어 : 파티 / 신입생 환영회 / 싱글모임 / 술모임
장소 : 술집 / 분위기 좋은 카페 / 노래방

단체 미팅은 TV의 단골 레퍼토리인 짝짓기 프로그램과 비슷한 상황으로, 참가한 멤버들이 서로 보조를 맞추며 분위기를 띄우는 것이 중요하다. 그중 어느 한 사람만 튀거나 분위기를 망치는 행동을 하면 멤버들에게 눈총을 받는다.

특히 명심해야 할 몇 가지가 있는데, 연인이 있는 사람은 기본적으로는 참가하지 않는 편이 좋다. 사람 숫자를 맞추기 위해 어쩔 수 없이 참가했을 때는 그 자리의 분위기를 살리는 데 전력을 다해서 친구들을 돕는 데 애써야 한다. 예상하지 못한 여러 위험요소가 있으므로 이성으로서의 매력은 부각하지 않는 편이 좋다.

다음으로 "저는 남자친구가 있습니다" 하는 선언은 이 자리에 어울리지 않으므로 삼가도록 한다. 본인이야 미리 통보를 하고 '분위기 메이커로서의 역할에 충실하겠다'는 생각이겠지만 그건 그 사람 생각일 뿐이다. 남성 쪽에서는 "그럼 왜 나온 거야"라며 주선자를 질책할 것이고, 여성 쪽에서도 남자친구 있다고 자랑하면서 상대방보다 우위에 서려는 행동으로 받아들일 위험이 있다.

주선자의 노고에 감사 인사를 전한다

단체 미팅 자리에서는 친구들의 사적인 이야기나 실수담은 적당한 선에서 자제한다. 그 자리의 분위기를 띄우려는 의도로 친하지도 않은 사람의 인성을 말하거나 과거의 에피소드, 예전에 사귄 남자친구, 사는 곳 등을 떠벌리면 안 된다. 또한 미팅에 나온 멤버에게 연인이 있다는 사실을

71

말하는 행동은 피하도록 한다. 상대방의 기분을 상하게 만들면 갈등의 원인이 된다.

중요한 것은 만남이 끝난 후 주선자의 노고에 감사 인사를 전하는 행동이다. 문자나 카톡만으로 충분하다. 아무리 친한 사이라도 감사 인사를 잊어서는 안 된다.

단체 미팅에서 멤버들이 서로 도와 분위기를 띄우는 것이 중요하다. 혼자 튀려고 하거나, 과도하게 사생활을 폭로하거나, 다른 사람의 과거 에피소드로 분위기를 띄우려고 하면 친구들과 갈등을 일으킬 수 있다.

덜렁대다

의미 : 작은 부분까지 신경이 미치지 못하며, 침착하지 못하고 거친 모양
유의어 : 거칠다 / 무디다
사용방법 : 덜렁대서 말실수를 하지 않도록 당부하셨다

    말과 행동이 거칠고 침착하지 못해 작은 부분까지 신경 쓰지 못하는 사람을 '덜렁이'라고 한다. 특히 덜렁대는 성격을 가진 여성에게는 '여성스럽지 않다, 여성의 매력이 낮다' 등의 성차별적인 평가가 내려진다. 이런 평가의 뒤에는 '여자니까 세세한 부분까지 신경을 쓰는 것이 당연하다, 여자는 섬세하게 사람을 대해야 한다'는 부당한 강요와 편견이 숨어 있다.

    그렇지만 덜렁대는 행동은 주변의 분위기를 무겁게 만들 때가 많다. 세세한 부분까지 챙기지 못해 그 자리의 공기를 읽지 못하기 때문이다. 당연히 주위 사람들을 배려하지 못하므로 무리 속에 섞이지 못하고 겉돌지만 정작 본인은 알아차리지 못한다.

    "난 사소한 건 신경 안 쓰니까 괜찮아"라는 말은 어디까지나 이기적인 변명에 불과하다. 좋게 말하면 뒤끝 없고 대범한 사람이라고 할 수 있지만 실제 평가는 민폐쟁이인 경우가 많다.

    발로 문을 닫거나, 쓰레기를 치우지 않는 사람은 덜렁이일 가능성이 크다. '귀찮다'는 생각이 덜렁이가 되는 가장 큰 요인이다.

여자의 인간관계와 감정을 이해하는 핵심 키워드

데이트

의미 : 연인 등 친밀한 관계를 더욱 깊이하기 위해 외출하는 것
유의어 : 교제 / 사귀다 / 당일 여행 / 외박 / 드라이브
장소 : 음식점 / 호텔 / 유원지 / 영화관 / 공원

여성에게 데이트는 마음에 드는 상대와의 관계를 확인하는 중요한 기회다. 여성은 여러 번 데이트를 거듭하면서 서로에 대한 확신이 생기게 되므로 데이트의 중요도가 높다. 그리고 이 데이트의 내용은 여자들의 모임 등에서 대화의 소재가 될 때가 많다.

특히 갓 교제를 시작한 무렵의 경험담은 이야기하는 쪽도 즐겁고, 듣는 쪽에서는 간접 연애경험 등이 되므로 흥미롭다. 데이트 경험이 적으면 어떤 옷을 입을지, 어디에 갈지 등을 지인들에게 상담한다. 다만 지나치게 자세하게 이야기하거나 자기 자랑으로 이야기가 흘러가지 않도록 주의해야 한다.

교제를 막 시작한 무렵은 모임 등에서 데이트에 대해 이야기하기도 한다. 상담이나 충고 등을 나누면서 여성 사이의 관계가 깊어지기도 한다.

동경

의미 : 이상적인 사람 혹은 대상에 강하게 마음이 끌리는 것
유의어 : 갈망 / 그리워하며 간절히 생각함 / 염원
사용방법 : 전원생활을 동경해서 시골로 이사했다

동경에는 자신이 이상적으로 생각하는 사람과 비슷해지고 싶다는 간절한 바람이 담겨 있다. 동경의 대상으로는 선배나 아이돌, 카리스마 넘치는 모델 등 여러 사람들이 있다. 또는 도시의 바쁜 일상에 지친 사람이 전원생활을 동경하거나, 지방에 사는 사람이 도시생활을 동경하는 경우도 있다.

동경의 대상처럼 되려는 노력이 삶의 원동력으로 작용할 수도 있지만 반대로 동경은 질투심으로 변모하기도 한다. 질투는 자신을 발전시키기보다 상대방을 끌어내리려는 심리를 동반하므로 이에 주의해야 한다.

동경하는 상대를 따라하려고 노력하다 보면 점차 그 사람과 비슷해진다. 때로는 동경의 대상을 뛰어넘는 사람도 있다. 다만 말이나 행동, 외모 등 겉으로 드러난 모습만을 따라하는 것은 시간과 노력을 낭비하는 일이며, 실력과 겉모습의 차이가 확연하게 드러나 오히려 부작용을 일으킨다.

동경하는 감정을 잘 승화하면 자신을 바꿀 수 있는 좋은 기회가 된다. 하지만 동경하며 부정적으로 마음을 먹거나 잘못된 방법을 따르면 고통을 수반하게 된다.

여자의 인간관계와 감정을 이해하는 핵심 키워드

동기부여

의미 : 목적이나 목표달성을 하기 위한 동기 부여, 의욕
유의어 : 사기 / 활기 / 의욕 / 성취동기 / 충성심
사용방법 : 좋아하는 음악을 들으면 동기부여가 높아진다

동기부여는 일정한 방향이나 목표를 향해 행동하고 그것을 유지하는 이유가 되는 사물이나 심리작용을 의미한다. 특히 일, 다이어트, 공부, 가사 등에 사용할 때가 많다.

동기부여를 높이려면 목적이나 목표를 분명히 해야 한다. 여성끼리라면 같이 공부를 하는 등 목표를 향해 함께 행동함으로써 동기부여가 유지되기도 한다.

한편 다른 사람의 동기부여를 높이기는 어렵지만 동기부여를 떨어뜨리기는 쉽다. 이를테면 부하직원이 실패했을 때 "너라면 잘할 거라고 생각했는데 말이야" "너한테는 힘든 일이었을 수도 있겠다" "○○씨였다면 잘했을 텐데" 같은 말을 뱉으면 순식간에 상대는 의기소침해진다.

부하직원의 동기부여를 떨어뜨려봐야 본인과 조직 모두에게 도움이 되지 않는다. 하지만 수많은 조직과 집단에서 이런 방식의 표현이 만연하고 있다.

어쩌면 본인은 부하직원의 의욕을 돋우기 위해 이렇게 말했을 수도 있지만 그 이면에는 부하직원에 대한 자기과시와 지배욕이 깔려 있다. 이런 식의 표현을 계속하면 부하직원에게 존경을 얻기는커녕 부하직원의 동기의식을 저하시킬 뿐이다. 나아가 상사와 부하직원와 관계는 분명 악화될 것이다. 결과적으로 일이나 프로젝트에 막대한 악영향을 미치게 될 것이다.

공감능력을 높여 도전정신을 이끌어낸다

상사는 실패한 이유를 합리적으로 규명해 두 번 다시 실패하지 않도록 대책을 마련하고, 기가 죽어 있는 부하직원을 진심으로 격려해 동기부여를 고취시켜야 한다. 이렇게 하려면 '내가 우월하다'는 의식을 버리고 공감능력을 높여야 한다.

공감능력이란 상대방이 느끼고, 괴로워하고, 고민하는 대상을 자신의 일인 듯 받아들이는 능력·자세를 가리킨다. 공감능력이 뛰어난 사람은 상대방의 감정·긴장·고통을 이해할 수 있으므로 무턱대고 독이 되는 말을 하거나, 야단치지 않는다. 상대방의 장점에 초점을 맞춰서 다시 도전할 수 있는 용기를 이끌어낸다.

타인의 동기부여를 높이기는 어렵지만 떨어뜨리기는 간단하다. 동기부여를 높였다면 그것을 유지하는 자세가 중요하다.

여자의 인간관계와 감정을 이해하는 핵심 키워드

동료

의미 : 같은 직장에 근무하는 사람, 보통 계급이나 직책이 비슷한 경우를 말한다.
유의어 : 동기 / 파트너
사용방법 : 동료와의 술자리

늘 평화롭게 아무 일도 일어나지 않는 직장이라면 좋겠지만 일을 하다 보면 실수가 생기기 마련이다. 상황에 따라서는 자신이 동료에게 실수한 내용을 지적해야 할 때도 있을 것이다.

하지만 상대방이 피해의식이 강한 여성이라면 전달하기가 쉽지 않다. 업무적인 지적이지만 상대방은 모욕당했다고 느낄 수도 있다. 실수를 지적할 때 감정을 최대한 배제해 "이렇게 해주면 고맙지"라고 담백한 말투로 부탁이나 제안을 하듯 말하면 좋을 것이다.

또한 입사 동기와는 친해지기가 쉽다. 학창 시절 친구와는 다르게 직장에서의 고민 등을 상담할 수 있는 벗이 되기도 한다. 하지만 상대에 따라서는 심리적으로 적당한 거리를 두어야 한다는 점을 기억하자.

본래 직장에선 비즈니스 매너를 행동 규범으로 삼아야 한다. 동료와는 부정적인 이야기는 나누지 않으며, 적절한 거리를 유지하는 것이 기본이다.

동류의식

의미 : 사회에서 다른 사람을 자신과 비슷한 종류라고 인정하는 의식
유의어 : 동지의식 / 동족의식 / 귀속의식
장면 : 같은 고민이나 기쁨을 나눌 때

'동류의식'이란 사회학 용어 중 하나로 자신과 타인의 비슷한 부분을 인식하거나 공감하는 의식을 가리킨다. '같은 여성'이라서 '동류'라고 느끼고 '같은 취미'이기 때문에 '동류'라고 생각하는 것으로, 인간이 사회를 형성하는 데 필수적인 요소로 꼽힌다.

그런 의미에서 동류의식은 인간의 본질이지만 다른 한편으로 사람에게는 개인의 영역도 존재하며, 당연히 개인의 영역은 사람마다 다르다. 동성에 대한 지나친 동류의식은 간혹 개인의 영역을 침해하기도 한다.

동류의식 때문에 자신의 가치관을 상대방에게 강요하기도 한다

여성의 특성 가운데 하나가 상대방의 감정을 잘 읽어낸다는 것이다. 그래서 여성끼리 서로를 살피고 파악해 '나는 당신을 잘 알고 있으며 당신역시 나에 대해 잘 알고 있을 것'이라는 의식을 갖는다. 하지만 실제로 모든 점에서 완전히 일치하는 사람은 없다.

이를테면 '모든 여성은 연애 이야기를 좋아한다'고 믿는 사람이 같은 여성이라는 동류의식으로 연애 이야기를 좋아하지 않는 여성에게 연애담을 마구 늘어놓는다면 상대방은 고통을 느낄 것이다. 사람의 생각은 천차만별이어서 상대방이 동류라고 하더라도 모든 생각이 일치한다고 믿는 것은 위험하다.

동류의식이 강한 여성은 다른 의식을 가진 여성에게 부정적인 발언을 하기도 하는데, 결국 그것은 자신의 판단이나 가치관이 옳다는 사실을 상대방에게 인정받고 싶기 때문이다. 그러므로 이런 때는 "그런 식으로 생각

79

한 적은 없었지만 재미있네" "네 삶의 방식이 멋있다고 생각해"처럼 서로의 생각을 강요하지 않으면서 상대방을 인정하는 쪽으로 대화를 풀어가도록 해야 한다.

고민이나 즐거움을 나누는 동류의식이라면 당연히 공유하고 싶을 것이다. 그렇게 하려면 자신의 가치관을 강요하지 않으면서 서로를 인정하는 관계가 바람직하다.

개인 공간(Personal Space)이란 무엇인가?

모든 사람은 남이 침범하면 불쾌감을 느끼는 공간인 '개인 공간'이 있다. 문화인류학자인 에드워드 홀(Edward T. Hall)은 다음과 같이 개인 공간의 기준을 작성했다. 원만한 관계를 유지하려면 이 공간을 확보하는 것이 중요하다.

• 밀접한 거리: 연인 등 근접상대(0~15㎝) / 거리감 있는 상대(15~45㎝)
• 개인적 거리: 친구 등 근접상대(45~75㎝) / 거리감 있는 상대(72~120㎝)
• 사회적 거리: 비즈니스 등 근접상대(1.2~2m) / 거리감 있는 상대(2~3.5m)
• 공적인 거리: 강연회 등 근접상대(3.5~7m) / 거리감 있는 상대(7m 이상)

동아리 친구

의미 : 같은 동아리에 소속된 구성원
유의어 : 동호회 부원 / 공통의 취미를 가진 친구
사용방법 : "남자친구가 아니라 그저 동아리 친구야"

동아리는 공통의 취미를 가진 사람들의 모임이다. 대학 시절 동아리 활동으로 만난 친구가 평생의 친구가 되기도 한다. 사회인 동호회는 대학의 동아리와는 달리 활동이 주말이나 공휴일 등으로 제한되어 있기 때문에 동아리 회원들과 함께 보내는 시간이 짧지만, 다양한 연령층의 사람들과 교류할 수 있다는 장점이 있다. 다른 업종과 교류하는 것 자체를 목적으로 하는 동호회도 있다. 주로 인터넷이나 SNS로도 회원을 모집한다.

동호회 활동은 집단적으로 이루어지므로 사회인으로서의 매너와 협력적인 태도가 필수적이다. 다른 멤버에 대한 험담은 금물이고, 여러 사람들과 복잡한 성적 관계를 갖지 않아야 하며, 파벌을 만들지 않는 등의 기본적인 배려가 중요하다.

사회인 동호회에 들어가면 가정과 회사생활에서는 얻을 수 없는 다양한 인간관계를 만들 수 있다. 집단 내에서 지켜야 할 매너를 준수해 평화롭고 즐겁게 활동하자.

여자의 인간관계와 감정을 이해하는 핵심 키워드

동조

의미 : 다른 사람의 의견이나 기분에 맞추는 것
유의어 : 공명 / 공감 / 의기투합 / 추종 / 동정
사용방법 : "저 사람은 너의 의견에 금방 동조하는구나"

동조에는 말로 '당신과 같은 의견이다'라는 의견을 표시하는 것 외에도 같은 타이밍에 음료수를 마시거나, 웃거나, 사의를 표시하는 등 상대방과 동일한 행동을 하는 모습도 포함된다. 동료의식이 강하거나 다른 사람에게 배척당하고 싶지 않다는 의식으로 인해 동조행동을 취할 때가 많다.

이 심리의 밑바탕에는 동료의식이 깔려 있다. 상대방에게 호감을 가지고 있다거나 공감하고 있다는 사실을 이런 방법으로 표시하는 것이다.

물론 남성에게도 동조행동은 나타난다. 다만 남성은 타인에게 배척당하고 싶지 않다는 강한 의식으로 동조행동을 할 가능성이 높다. 또한 직업적으로 서비스 업종 등 특정한 직종에 종사하고 있는 까닭에 동조행동이 습관화된 여성도 있다.

동조는 때로 좋은 인상을 주기 위한 기술로 사용하기도 하고, 마음속의 다른 의도를 숨기기 위한 수단으로 사용하기도 하므로 이를 간파하는 능력을 갖추어야 한다.

동창회

의미 : 같은 학교 출신들이 졸업 후에 친목을 도모하기 위해 만나는 모임
유의어 : 사은회 / 반창회
장소 : 호텔 연회장 / 레스토랑

동창회는 같은 학교에서 공부한 사람들이 친분을 쌓고 서로의 근황을 확인하는 자리다. 젊을 때는 졸업 후 새로 진학한 학교나 직장 등에서의 사회활동 때문에 바빠서 동창회를 개최하거나 참가하려는 엄두를 내지 못한다. 그래서 일반적으로 동창회는 어느 정도 연령이 되었을 때 열린다.

하지만 실제로는 연령이 높아질수록 동창회 참석을 주저하는 사람이 많다고 한다. 그 이유는 대개 주변 친구들에 비해 현재 자신의 상황이 열등하다고 느끼기 때문이다.

동창회가 자랑의 장이 된다

동창회에서 나누는 대화의 대부분은 옛 동급생들 간의 힘겨루기다. 미혼인지 기혼인지, 자녀의 유무, 어떤 식으로 경력을 쌓아가고 있는지, 수입 등 서로 우열을 매기는 자리가 동창회다.

기혼에 아이가 있는 여성이 성공한 여성이라고 단정할 수는 없다. 결혼 직후나 출산 직후에는 다른 사람보다 안정적인 삶을 사는 듯 보일 수도 있지만 몇 년 후에는 남편이 회사에서 정리해고를 당하거나, 자녀가 입시에 실패할 수도 있다. 또한 외모가 다른 동급생들과 비교해 더 나이 들어 보이지 않을까 신경 쓰이기도 한다.

겉모습으로 사람의 가치를 판단하는 사람들에게는 이런 요소들이 자신의 존재를 드러내는 수단이다. 그렇기에 겉모습을 꾸미는 데 치중하는 경향이 있다. 남편이나 자녀를 자신의 소유물인 양 착각하고 남편과 자녀의 성공이나 사회적 지위로 우월감을 느끼는 여성도 있다. 이는 다른 사람의

살바를 잡고 씨름을 하는 격이지만 그 사실조차 자각하지 못한다.

　이렇게 자랑거리를 끌어모아 필사적으로 엮어서 겉만 번지르르하게 보이려는 모습은 자신의 심리적 빈곤함을 스스로 폭로하는 셈이다. 그래서 사람이 불쌍해 보이기도 한다.

　마음의 여유를 가지고 동창회에 참석하거나, 내키지 않는다면 억지로 참석하지 않아도 된다. SNS 등으로 만나고 싶은 사람에게만 연락하는 방법도 있다.

　SNS의 발달로 동창들과 충분히 연결될 수 있다. 만나고 싶은 동창에게만 개인적으로 연락하는 방법을 고려해보는 것도 좋다.

뒷담화

의미 : 본인이 없는 곳에서 그 사람의 나쁜 이야기를 하는 것
유의어 : 험담 / 비방
사용방법 : 선배가 매일 뒷담화를 해서 곤란하다

뒷담화는 그 자리에 없는 사람의 욕을 하는 것으로, 동조하는 사람이 늘수록 열기가 달아올라서 있는 사실과 없는 사실을 모두 쏟아내게 만든다. 일상적으로 자신이 남을 험담한다는 자각조차 못 하는 사람도 있는데, 그는 실로 질이 안 좋은 사람이다.

더 음침한 것은 친한 친구의 험담을 그 사람이 없는 자리에서 태연하게 떠벌리는 것이다. 이러한 행동의 기저에는 상대방에 대한 질투가 깔려 있다. 자신과 비슷하다고 생각했던 친구가 어떤 일에서 우월한 능력을 나타내면 자신의 콤플렉스가 자극되면서 분노로 바뀐다. 친구라는 가까운 관계이기 때문에 더 화가 난다. 친구에게 남자친구가 생긴 후에 태도가 180도로 변해서 험담을 하고 다니는 사람이 바로 이 유형이다.

험담은 자신의 공허함을 다른 사람에게 화풀이하면서 울분을 삭이려는 행동이므로 표적이 되더라도 상대하지 않는 편이 좋다. 심각하게 받아들여 정색을 하면 오히려 불에 기름을 붓는 꼴이 된다.

여자의 인간관계와 감정을 이해하는 핵심 키워드

따돌림

의미 : 친구로서 인정하지 않는 것
유의어 : 무시 / 배척 / 소외 / 냉대 / 배제 / 밀어냄
장면 : 다수의 사람들이 한 사람만 무시하는 것

자신이 그 집단의 '일원이 되고 싶다'고 생각할 때 따돌림을 당한다고 느낀다. 같은 무리라고 생각하지 않는다면 비록 집단에서 무시를 당하거나 냉대한다고 해도 그다지 신경 쓰지 않는다. 하지만 대다수의 여성들은 어딘가에 속하려고 하는 귀속의식이 매우 강하기 때문에 따돌림은 무리에서 내쳐진다는 의미인 만큼 심리적으로 힘들다.

여성이 많은 직장이나 학교 등에서는 동성에게 상처를 주기 위해 간혹 이렇게 따돌린다. 한편 직장이라면 공적인 관계임을 명확히 인지하고 사적인 '친구'라는 집단의 일원이 되려는 욕심을 버리는 방법이 가장 좋은 대처법이다.

따돌림의 이유를 그 집단 구성원 중 한 사람에게 직접 물어보는 것도 좋은 방법이다. 개인적으로 물어보면 집단 앞에서는 말하지 못했던 사실도 알려줄 것이다.

저쪽으로 가자

2장

딸

의미 : 여자로 태어난 자식
유의어 : 따님 / 공주 / 여식 / 여자아이
사용방법 : 외동딸을 소중하게 키운다

심리학자 융은 여자아이가 아버지에게 강한 애정을 품고 엄마에게 경쟁의식을 느끼게 되는 심리현상을 그리스 신화에 나오는 한 인물의 이름을 빌려와 '엘렉트라 콤플렉스'라고 했다. 하지만 엄마와 딸이 오랜 시간을 함께 지내는 탓에 오히려 과도한 모녀밀착관계나 자녀가 마더 콤플렉스를 가진 경우도 있다.

교육심리학자 오쿠노 아키라는 부모의 잘못된 교육태도가 자녀에게 다양하고도 심각한 문제들을 유발시킨다고 지적한다. 그 가운데 과보호형, 과지배형, 과복종형은 엄마와의 관계가 과도하게 밀착된 아이들에게 나타난다.

과잉보호는 자녀를 성숙하지 못하게 만든다

과보호형 엄마는 자녀가 할 일을 먼저 처리하며 자녀를 보호한다. 이 때문에 실패나 성취를 경험할 기회를 잃게 되어 자녀는 성숙하지 못하고 생활습관 발달이 지연되며, 소극적이게 되고, 인내력 결핍을 겪고, 집단생활에 적응하지 못하는 등 여러 문제를 끌어안게 된다. 하지만 엄마는 '모든 것이 자녀를 위한 일'이라고 생각한다.

과지배형은 말 그대로 자녀를 지배해 엄마의 생각이나 이상을 강요하는 것이다. 자녀는 순종적이고 소극적이게 되며 수줍음이 많은 사람으로 성장하거나, 반대로 엄마의 지배에 거부감을 느껴서 공격적·반항적인 태도를 보이며 가출을 하는 등 나쁜 길로 빠지기도 한다. 엄마 또한 자신의 엄

87

마에게 지배를 받았을 가능성이 있다.

과복종형은 부모가 자녀의 말에 따르는 것이다. 자녀의 말이 최우선인 상태다. 그러다보니 자녀는 자기중심적이고 버릇없는 아이로 성장해 성인이 된 후에도 제멋대로 행동하거나, 퇴행(유아 상태로 되돌아가려는 현상)을 보이기도 한다.

딸은 엄마로부터 자립하기가 힘들다

마더 콤플렉스는 여성과 남성 모두에게서 찾아볼 수 있다. 대부분이 엄마에게 지나치게 의존해 식사나 재정관리, 일상적인 도움까지 의지하다보니 엄마로부터 자립하기가 힘들다.

엄마 또한 딸을 사랑해 딸의 뒷바라지가 자기 삶의 보람이 되어버렸다. 앞에서 이야기한 과지배형처럼 딸의 모든 부분에 개입해 "이렇게 하는 편이 좋다"며 딸의 행동을 지배하고 조정하며 자기만족을 느끼는 엄마도 있다.

상호의존 관계로 발전하기도 한다

엄마와 딸 가운데는 상호의존관계로 발전되는 사례도 많다. 상호의존이란 한쪽이 상대방에게 완전히 의지하고 또 다른 한쪽은 상대방의 요구를 들어주며 서로가 단단하게 맞물린 상태를 말한다.

엄마는 '딸은 내가 없으면 살 수 없다'고 믿으며 딸 이외에는 자신의 존재 이유를 찾지 못한다. 이는 특정 상대에게 지나치게 의존하는 성향으로 보인다. 하지만 다른 의존증과 마찬가지로 딸 외의 가족이나 주위 사람에게 도움을 얻어 의존 대상인 딸과의 관계를 정리해야 한다. 딸에게서 분리된다면 정상적이고 건강한 생활로 되돌아갈 수 있다. 마찬가지로 딸은 엄마로부터 자립할 수 있을지, 심리적인 거리를 둘 수 있을지를 심각하게 고민하게 된다.

정상적인 관계라면 아버지의 역할이 중요하지만 대체로 아버지의 대처능력이 현저하게 떨어지는 경향이 있다. 모녀 사이의 문제는 본래 부부문제에서 비롯된 경우가 많다. 따라서 딸뿐 아니라 가족의 문제로 받아들이고 아버지도 진지하게 문제해결에 나서야 한다.

가족 안에서 동성인 엄마와 딸이 결탁하고 아버지와 대립하는 구도도 있다. 이런 관계성이 성립되면 엄마와 딸은 더욱 밀착하게 된다.

엄마와 딸이 상호의존관계가 되면 더욱 강하게 밀착하게 된다. 이 문제의 근원에는 부부문제가 잠재되어 있는 경우도 있다. 이런 경우엔 가족관계를 개선하지 않는 한 모녀문제는 근본적으로 해결될 수 없다.

여자의 인간관계와 감정을 이해하는 핵심 키워드

라이벌

의미 : 비슷한 실력을 겨루며 경쟁하는 상대
유의어 : 경쟁상대 / 경합자 / 적 / 연적
사용방법 : "서로 라이벌로서 잘해보자"

　연애에서 삼각관계에 놓였을 때 여성은 남성보다 상대 여성에게 더 부정적인 감정의 날을 세운다. 하지만 이러한 생각은 남성 중심 사회 속에서 여성끼리의 경쟁을 부추기는 등 의도적으로 여성을 차별하기 위해 사용되며 성차별적인 발언으로 자라났다.

　예컨대 피지배적인 입장에서 선택받으려면 곁에 있는 다른 사람을 떨어뜨릴 수밖에 없다. 이처럼 여성은 '선택을 당하는 쪽'이라고 말하는 사람이 있는데 이는 여전히 여성을 피지배적인 입장으로 바라보는 시각인 셈이다.

　자신에게 중심을 두고 자신을 소중하게 생각하는 여성은 라이벌 의식을 불태우기보다 자신에게 몰두해 더욱 빛을 발하게 한다. 이런 자세가 라이벌을 자연스럽게 퇴치한다.

　동성에게 라이벌 의식을 느낀다면 자신감이 없다는 반증이다. 자존감이 높은 여성은 자신이 하고 싶은 일에 집중하고, 이런 모습은 자연스럽게 라이벌이 알아서 멀어지도록 만든다.

찌리리리릿!

릴랙스

의미 : 심신의 긴장이 풀린 편안한 상태
유의어 : 휴식 / 쉼 / 한숨 돌림 / 생명줄
사용방법 : "온천이라도 가서 릴랙스하자"

한 번에 여러 업무를 수행하는 능력이 뛰어나서 잡다한 일들을 혼자 떠맡는 경우가 있다. 이때 나타나는 두통, 불면증, 나른함, 폭식 등의 증상은 '지쳤다. 휴식을 취하면서 릴랙스해라'라고 몸이 보내는 신호다. 몸에서 이런 신호를 보낸다면 거부하지 말고 휴식과 릴랙스 시간을 가지도록 한다.

여행을 가거나, 여자 친구들과 식사를 하거나, 좋아하는 일을 하며 스트레스를 발산하는 방법도 좋다. 스트레칭을 하거나, 마사지를 하며 자신을 가꾸는 방법도 좋은 릴랙스 방법이다. 반신욕, 운동 같은 열을 내는 활동도 스트레스를 줄여준다. 정신적인 스트레스에는 자연과 접하거나, 잡념을 떨쳐주는 수면·명상·웃음 등의 릴랙스 방법도 효과적이다.

한 번에 많은 일을 해내는 여성은 스트레스도 떠안게 된다. 자연으로 나가거나, 셀프케어를 하는 등 릴랙스할 수 있는 시간을 만들어 건강하게 생활하도록 해야 한다.

하아~ 최고!!

91

마마걸

의미 : 엄마에게 지나치게 의존해 쉽게 자립할 수 없는 것
유의어 : 모녀밀착 / 마더 콤플렉스
사용방법 : 그녀는 모든 걸 엄마에게 의존하는 마마걸이다.

진학, 취직, 연애, 결혼 같은 인생의 중대사를 엄마에게 떠맡기는 사람이 많다. 다 자라서 성인이 된 이후에도 분가하지 않고 부모님과 함께 살면서 식사, 세탁, 금전 관리, 잡다한 시중까지 엄마에게 의지하는 사람도 많다. 심지어 결혼해 부부가 따로 나가 살면서도 여전히 엄마에게 과

도하게 의존하며 이런저런 도움을 받는 등 쉽게 자립하지 못하는 사람도 있다.

엄마에게서 독립하지 못하는 이런 사람을 '마마걸'이라고 부른다. 이것은 심리학에서 말하는 일종의 '마더 콤플렉스'로, 마더 콤플렉스란 성인이 된 이후에도 모성(자녀를 낳고 키우는 성질)에 과도하게 의지해 이런저런 문제가 발생한 상태를 말한다.

마더 콤플렉스에는 엄마에게 의존하는 사례 이외에도 엄마에게 대항하는 사례와 엄마를 무시하려는 사례 등도 포함된다. 이른바 마마보이라는 말과 일맥상통하는데, 일반적으로 마마보이란 사춘기 이후의 남성이 엄마에게 의존하거나 애착을 느끼는 상태를 말하는 것이어서 마마걸과 비슷한 종류이기는 하지만 동일한 개념은 아니다.

과제는 엄마로부터의 자립이다

엄마에 대한 의존이 지나치면 자녀가 성장해 부모의 보호에서 벗어나는 자녀의 독립도, 부모가 보호자의 역할을 끝내고 성인이 된 자녀와 대등하게 마주하는 부모의 독립도 어려워진다. 어느 시점이 되면 자녀는 자립해야 한다.

구체적으로는 사춘기 이후에는 엄마와 침실을 따로 쓰고, 사회인이 된 후에는 독립적인 생활을 시작해 엄마와의 지나치게 강한 연결고리를 끊도록 해야 한다.

자녀는 어느 시점이 되면 자립해야 한다. 홀로 독립해 생활하는 등 물리적으로 엄마의 품에서 벗어나는 것이 가장 빠른 방법이다.

여자의 인간관계와 감정을 이해하는 핵심 키워드

마음을 정하다

의미 : 결단을 내리는 것
유의어 : 각오를 다지다 / 죽기 아니면 살기라는 심정으로 과감하게 행동하다
사용방법 : 사업을 하기로 마음을 정하다

마음을 단단히 먹고 뭔가를 결단하는 모습을 '마음을 정한다'고 한다. 진로 변경이나 유학, 이직 등 자신의 인생에 큰 전환을 결정할 때 사용한다. 용기를 내야 하는 일이거나, 인생이 걸려 있는 일이거나, 다시 되돌릴 수 없는 일이거나, 어려운 결정을 내려야 할 때, 냉정하고 합리적으로 판단한 의사결정이 무엇보다 중요하다.

이런 때는 혼자 고민하지 말고 경험이나 지식이 풍부한 사람이나 가까운 지인에게 상담하는 방법도 좋다. 이를 통해 구체적인 해결책을 찾기도 한다. 하지만 마지막에 결정을 내리는 사람은 자신이다. 내용에 따라서는 결정을 내리기까지 시간이 걸리기도 한다. 신중하게 생각한 후에 마음을 정해야 한다. 이렇게 하면 실패해 후회하는 마음이 들더라도 스스로 받아들이고 극복할 수 있다.

인생의 전환점이 되는 지점에서 마음을 정해야 할 필요가 있다. 결단을 내린 후에 후회하지 않기 위해서라도 신중하게 생각하는 시간이 중요하다.

맏며느리

의미 : 장남과 결혼한 여성
유의어 : 맏아들의 아내
장면 : 남편의 본가에 귀성했을 때

장남과 결혼한 대부분의 여성이 시어머니와의 고부갈등에 직면한다. 결혼하면 누구나 겪을 수 있는 문제지만 상대가 장남일 때와 장남이 아닐 때는 사정이 다르다.

가장 큰 문제는 '장남이 집안의 대를 잇는 사람'이라는 의식이다. 이런 생각이 시댁은 물론 남편 본인의 말과 행동을 지배한다. 결혼 초기에는 "아이는 아직이냐?"며 압력을 가하고, 만약 여자아이를 낳으면 "다음은 아들이지"라는 등 며느리에게 큰 스트레스를 준다.

육아에 대한 생각도 달라서 의견이 부딪치기도 한다. 특히 시어머니는 며느리를 라이벌로 의식하는 경향이 있다. 아이 엄마가 수유중에 아이에게 나쁜 영향을 주는 음식(이라고 시어머니가 믿는)을 먹는다고 잔소리를 하거나, 우는 아기를 바로 안아주지 않으면 "아기가 불쌍하다"는 등 비난을 한다.

아무리 최선을 다해 육아를 해도 이미 육아를 경험한 시어머니는 나름의 자부심이 있기 때문에 며느리가 못마땅한 것이다. 그래서 자신이 옳다고 믿는 확고한 육아방식을 며느리에게도 강요한다. 그 이면에는 의견을 관철시킴으로써 며느리보다 자신이 우위에 있다는 사실을 확인하고 싶은 심리도 작용할 것이다.

먼저 남편이 부부로서 명확한 태도를 표시해야 한다

이미 가치관이 굳어진 고령의 시어머니에게 자신의 신념과 며느리에 대한 라이벌 의식을 버리게 만들기란 무척 어렵다. 그보다 중요한 것은 '남편이 자신의 엄마로부터 제대로 독립했는가'에 있다.

95

결혼해 가정을 갖는다는 것은 두 사람이 각각의 가정에서 독립해 새로운 가정을 이룬다는 뜻이다. 이는 각각의 본가에 대해서도 부부가 통일된 의사결정을 해야 한다는 의미이기도 하다.

이 태도가 애매한 부부일수록 고부갈등은 계속 더 심해질 수밖에 없다. 우선은 남편이 적극적으로 자신들의 영역인 가정에는 심지어 부모라고 해도 '함부로 침입하지 않았으면 좋겠다'고 명확한 의사를 부모에게 표현해야 한다.

남편을 낳고 길러준 시댁을 존중하지 않는다면 어쩌면 이미 남편을 신뢰하지 않는다는 의미일 수도 있다. 고부갈등에서 남편이 명확한 태도를 취하거나, 며느리가 한 명의 여성으로서 시어머니에게 분명하게 자신의 의사를 전하면 의외로 문제가 쉽게 풀릴 수도 있다.

맞서다

의미 : 힘이나 매력을 다투는 것
유의어 : 경쟁하다 / 대항하다 / 견주다 / 승부하다
사용방법 : 공부에서도 운동에서도 지고 싶지 않으므로 맞서고 있다

누가 여행 갔다는 이야기를 하면 "거기, 나도 간 적 있어"라며 아는 척하거나, 친구가 명품가방을 사면 자신도 명품을 걸치고 나오는 등 아무리 사소한 것도 남에게 지지 않으려고 하는 사람이 있다. 이런 사람은 대부분 승부욕이 강하고, 어떤 분야에서든 자신이 최고가 되지 않으면 성에 차지 않으므로 주위 사람들을 경쟁자로 보고 맞서려고 한다.

'그 친구에게는 반드시 이겨야 한다'는 일념으로 공부해 성적이 향상되는 등 경쟁심리가 좋은 결과를 가져오기도 한다. 반면 모든 면에서 '난 너희들과 다르다' '난 너희보다 우수하다'는 속마음이 훤히 들여다보이므로 주위 사람이 멀리한다. 그러므로 경쟁만 하려고 들면 어느새 고립된다. 상대방과 서로 도움을 주고받는 협동성을 길러야 한다.

경쟁심리는 긍정적일 때도 있지만 무조건 남보다 우위에 서려는 과도한 승부욕은 자신을 고립시킨다. 상대방과 협력하는 협동성도 갖추자.

97

맞장구

의미 : 상대의 말에 맞추어 고개를 끄덕이거나 대꾸하는 것
유의어 : 맞장단 / 응답 / 대답
장면 : 가족이나 친구 등 상대방의 말을 들을 때

맞장구란 다른 사람과 대화할 때 상대방의 이야기에 공감하며 고개를 끄덕이거나 "네" "그래요?" "그렇군요" 등의 대답을 하는 것을 일컫는다.

한쪽에서 열심히 이야기하는데 듣는 사람이 아무 말도 하지 않으면 말하는 쪽에서는 '이 사람은 내 이야기를 제대로 듣고 있는 걸까?'라며 불안해질 것이다. 반면 '당신의 이야기를 집중해서 듣고 있습니다. 당신이 무슨 말을 하는지 잘 압니다'라는 신호로 "저도 잘 알죠" "정말입니까?" "좋은데요" 등의 맞장구를 쳐주면 말하는 쪽에서는 '아, 내 이야기를 듣고 있구나. 내 말의 뜻을 이해하는구나'라며 안심할 것이고, 대화도 탄력을 받을 것이다. 상대방의 입장이 되어 상대방의 기분과 생각을 공감하며 맞장구를 치면서 즐거운 대화를 이끌어낼 수 있다.

맞장구는 중요한 커뮤니케이션 기술이다. 맞장구라는 테크닉을 적절히 잘 활용하는 사람은 상대방에게 좋은 이미지를 주게 되어 인간관계도 덩달아 좋아진다.

명절

의미 : 전통적으로 해마다 기념하는 때를 가리킴
관련어 : 추석 / 귀성 / 설날
사용방법 : "명절에 한번 다녀가게"

　명절에는 고부문제가 표면으로 드러나기 쉽다. 보통 때는 서로 만날 기회가 없더라도 명절이 되면 남편의 본가로 귀성해 며칠을 보내게 된다. 이때 집 안에서 어떤 식으로 행동하는지가 문제가 되는 것이다.

　며느리가 적극적으로 부엌일에 나서면 시어머니로서는 자신의 영역을 멋대로 침범했다는 생각에 불쾌감을 느낀다. 그렇다고 해서 아무 일도 하지 않으면 시어머니만 일하게 되므로 이 또한 불쾌하다.

　특히 지방 쪽으로 갈수록 친척이 모이는 자리가 많으므로 음식준비와 뒷정리 등으로 인해 가사노동이 증가한다. 우선은 어떻게 행동해야 할지를 시어머니와 의논해야 한다.

　함께 살지 않더라도 고부가 얼굴을 마주하는 시기가 명절이다. 어떻게 해야 며칠간 원만하게 보낼 수 있을지 서로 이야기를 나누는 자세가 중요하다.

99

여자의 인간관계와 감정을 이해하는 핵심 키워드

명품녀

의미 : 명품을 즐겨 구입하는 사람
유의어 : 관심병 / 쇼핑 중독
사용방법 : 명품을 좋아해서 빚이 산더미다

명품을 좋아하는 사람의 심리는 부유층을 제외하면 3가지로 나눌 수 있다. 첫째는 허영심과 자기과시욕이 강해서 명품의 힘을 빌려서 능력 이상으로 크게 보이고 싶어 하는 사람이다. 둘째는 '자신은 대단한 사람이 아니다' '자신에게는 내세울 것이 없다'며 자존감이 낮지만 '타인에게 인정받고 싶다'는 욕구가 강해서 명품을 구매함으로써 타인인정욕구를 만족시키는 사람이다. 셋째는 명품 쇼핑에 집착하는 사람이다.

만약 이런 습관이 어떤 문제를 일으키는데도 그만둘 수 없다면 중독증을 의심해봐야 한다. 일단 중독으로 발전하면 자신의 의지만으로는 빠져나오기가 힘들다. 주변 사람들의 도움이나 카운슬링, 심리치료 등의 힘을 빌리는 편이 바람직하다.

명품을 좋아하는 사람은 자신을 능력 이상으로 커 보이게 하고 싶은 사람, '타인의 인정'을 갈구하는 타인인정욕구가 강한 사람, 명품구입에 집착하는 사람 등이 있다.

모른 척

의미 : 알고 있으면서 의도적으로 모르는 척하는 모습
유의어 : 봤으면서 못 본 척 / 책임회피 / 무시 / 시치미 떼는 / 자기보호
장면 : 동료나 친구가 곤란할 때

동료가 업무에서 실수를 했을 때, 누군가의 부정을 우연히 목격했을 때와 같은 상황에서 모른 척하는 사람이 많다. 쓸데없이 참견하면 자신에게 책임이 전가될 수도 있고, 정의감을 불태우다가 누군가에게 원한을 사는 것도 두렵기 때문이다. 이런 위험을 방지하기 위해 무관심한 태도로 그 자리를 못 본 척 지나친다. 사실 이런 사태에 직면했을 때 자신이 할 수 있는 일이 없으므로 모르는 척하는 것 외에는 다른 대처방법이 없다.

무엇보다 동료의 문제에 깊이 관여해 자신을 희생하면서까지 방패막이가 될 필요는 없다. 어디까지나 그것은 해당 동료의 문제임을 분명하게 인지하고, 자신이 위협받지 않는 범위에서 돕는 정도의 용기가 필요하다.

노골적으로 모르는 척하면 주위 사람들의 신뢰를 잃게 된다. 때로는 용기를 내어 손을 뻗는 것이 자신을 보호하는 데 유리하게 작용할 수 있다.

101

모방

의미 : 다른 사람의 말이나 행동을 그대로 따라하는 것
유의어 : 동조행동 / 연기
사용방법 : 잘하는 비결은 선생님이나 선배를 모방하는 것

미국의 심리학자 타냐 차트랜드(Tanya Chartrand)는 모방의 효과에 관한 실험을 실시했다. 먼저, 처음 만난 사람끼리 잠시 이야기를 나누게 한다. 그런 다음 상대방의 인상을 물었다. 두 사람 중 한 명은 실험을 위해 고용된 조교로, 두 사람이 대화를 나눌 때 상대방의 행동이나 말을 따라하도록 지시했다.

실험 결과 실험에 참가한 사람은 조교에게 호감을 느낀다는 결과가 나왔다. 심지어 자신이 조교에게 느끼는 호감보다 조교가 자신에게 더 많은 호감을 보였다고 말했다.

누군가의 마음에 들고 싶다면 상대방의 행동이나 표정을 관찰해 상대방이 웃으면 자신도 웃고, 상대방이 손을 움직이면 자신도 손을 움직이는 등 상대의 행동이나 표정을 모방한다. 이를 미러링이라고 하는데, 미러링을 실천하면 상대방의 호감을 얻을 가능성이 크다.

동경하는 인물의 말과 행동을 모방한다

미국의 심리학자 조지 짐바르도(George Zimbardo)가 수행한 스탠퍼드 감옥 실험이란 게 있다. 이 실험에서는 모의 형무소를 무대로 모집한 일반 남성을 간수와 죄수로 나누어 각각의 역할을 연기하게 한 다음, 역할에 따라 언어나 행동이 어떻게 변화하는지를 관찰했다.

실험이 시작되자 곧바로 간수 역할은 거만해지고, 죄수 역할은 비굴해졌다. 부여된 역할에 몰두하면서 자신에게 내재된 '지배성(간수)' '피지배성(죄수)'이라는 '관계성'에 따라 확연한 변화가 나타났다. 이는 모방이라고도

할 수 있다.

다른 사람의 물건이나 행동을 모방하는 여성이 있다. 자신을 한 단계 높이는 수단의 하나로 동경하는 인물의 말과 행동을 따라하는 것은 좋다. 그것은 자신을 바꾸는 일종의 자극이 될 수 있다. 하지만 지나치면 모방에 의존하게 되므로 자립심도 함께 키우도록 하자.

상대방이 웃으면 자신도 웃고, 상대방이 쳐다보면 자신도 쳐다본다. 상대방이 손을 움직이면 자신도 손을 움직인다. 모방은 자신을 바꾸는 일종의 자극이기도 하다. 하지만 어디까지나 이는 일시적인 방법이므로, 동시에 자신의 정체성도 키워나가야 한다.

여자의 인간관계와 감정을 이해하는 핵심 키워드

무관심

의미 : 상대방이나 대상에 흥미를 느끼지 않는 것
유의어 : 관심이 없다 / 무심함 / 차가움 / 무신경 / 모른 척
사용방법 : 예스도 노도 말하지 않는 것은 무관심의 증거다

인간관계에서 무관심이란 질투나 증오 같은 감정과는 조금 다른 방식으로 문제가 된다. 일반적으로 사람들은 관심을 받고 싶은 욕구가 있다. 따라서 누군가 자신을 무관심하게 받아들이면 상처를 받는다. 당연히 상처를 받은 쪽은 무관심한 사람에게 화를 내지만, 상대방 쪽에서는 "난 아무 행동도 안 했는데 공격을 받았다"고 말할 것이다. 무관심한 태도를 보이는 사람은 일반적으로 자신의 행동을 인지하지 못한다.

이렇게 무관심한 태도로는 상대방을 이해할 수 없다. 인간관계를 구축하려면 먼저 상대방의 마음을 열도록 노력해야 한다. 구체적인 이야기는 그다음이다. 무관심한 사람의 마음을 열기 위해 한쪽에서만 애쓸 필요는 없다.

무관심은 바람직한 인간관계를 형성하지 못하기 때문에 본인에게도 이득이 되지 못할 때가 많다. 되도록 타인에 대한 관심을 기본적으로 보이면서 인간관계를 만들어가야 한다.

무리 짓다

의미 : 다수의 사람이 함께 행동하는 것
유의어 : 집단·그룹·파벌을 만들다 / 집단 / 모임 / 집회
장면 : 학교나 회사 등에서 형성되는 그룹

공통된 사상과 주장이 없는데도 같이 무리를 만든 상태를 '무리 짓다'라고 표현한다. 무리 짓는 사람은 대개 타인지향형일 때가 많다. 타인지향형이란 평소 자신의 주위에 있는 사람들, 특히 리더인 사람의 의견이나 사고방식, 행동 등을 관심 있게 주시하며 늘 신경 쓰는 사람을 가리킨다.

어떤 형태로든 무리가 생겨나면 구성원들과 같이 행동하려는 동조행동을 보이며, 군중심리가 작용해 규범이나 상식에 어긋나는 일에 손을 대기도 한다. 무리 안에 있으면 무리 바깥의 모습이 잘 보이지 않는다. 그러므로 객관적인 시각을 갖추는 것이 매우 중요하다. 무리의 규칙이라고 해서 무조건 따르지 않고 냉정하게 판단할 수 있도록 주의해야 한다.

무리 짓는 사람은 타인지향형이 많다. 집단에는 동조행동과 군중심리가 작용해 점차 행동이 과감해진다. 냉정하고 객관적인 시점을 유지하도록 애써야 한다.

자기 계발 하고 싶은 사람들의 모임

여자의 인간관계와 감정을 이해하는 핵심 키워드

무시

의미 : 있는 존재를 없는 것처럼 여기는 것
유의어 : 무관심 / 묵살 / 없는 사람 취급 / 모른 척 / 경시함
장면 : 인사했을 때 / 말을 걸었을 때

무시는 의도적인 것과 비의도적인 것으로 나눌 수 있다. '불러도 대답을 하지 않는다, 뭔가를 부탁했는데 아무리 시간이 지나도 해결해주지 않는다, 의견을 제안했는데 채택해주지 않는 것은 물론 아무 반응도 없다' 등으로 무시를 당한 사람은 상대방이 강하게 밀어내는 느낌을 받는다. 그리고 '이 사람은 나를 제대로 상대해주지 않는다'는 무기력감, 절망감, 분노 등을 느낄 것이다. 결코 바람직한 방법이라고는 할 수 없지만 무시도 일종의 자기주장이다.

그중에는 '인연을 끊고 싶다'는 강한 의지가 담겨 있을 때도 있다. 혹은 '나를 소중하게 생각해달라, 당신이 먼저 사과해라, 당신이 잘못했기 때문이다' 등의 메시지를 담고 있을 때도 있다.

자신이 속하지 않은 집단은 모두 동일하게 보이는 경향이 있다.

이런 복수의 의미가 담긴 의도적인 무시는 질투나 증오보다 훨씬 잔혹하다. 철저한 무시는 상대방에게 강렬한 메시지를 전달한다.

신뢰관계를 구축하려면 오랜 시간이 걸리지만 무너지는 것은 한순간이다. 무시가 한층 심해지는 것 같다면 제3자를 끌어들여 이야기를 나누는 등의 노력이 필요하다.

`Column` **집단에 대한 인지적 왜곡과 편견**

사람은 살아가면서 여러 집단에 속하게 된다. 학교나 회사, 국적이 여기에 해당한다. 성별이나 가족, 연령층도 넓은 의미에서 집단이라고 할 수 있다. 자신이 속하지 않은 집단(외집단)에 대해서 "저 집단은 ○○하네" "요즘 젊은 사람들은…"처럼 한 집단을 싸잡아 비난하는 사람이 있다. 이는 해당 집단에 속하지 않은 사람의 눈에는 그 집단의 구성원이 모두 같아 보이는 '외집단 동질성 편향'이 그 원인이다. 편향이란 인지적 왜곡을 말한다. 이런 생각이 해당 집단에 대한 인지로 고정되면 편견이 된다.

107

문화센터

의미 : 취미나 업무능력을 올리기 위해 강습을 받는 것
유의어 : 교양강좌 / 레슨 / 강좌 / 수업 / 교습
장면 : 현재 상황을 타파하기 위한 계기가 필요할 때

성인 여성이 뭔가를 배우는 것은 현재 상황을 타파하려는 심리적인 표현일 때가 많다. 즉 사회에서 이런저런 벽에 부딪혀서 그것을 극복하기 위해 기술을 익히거나, 새로운 자신을 발견하기 위해서다.

그런데 이것이 자기발전욕구에서 비롯된 것이라면 괜찮지만, 현실도피의 수단이 되면 악순환에 빠진다. 만족할 만한 결과를 얻지 못한 채 다른 분야를 시도하고 금방 포기하기를 반복한다. 그러다 보면 점점 자신이 정말 하고 싶은 일이 무엇인지 모르게 되며 혼란스러워진다.

이런 여성은 이직을 반복하는 사례가 많은데, 방향성을 잃으면 경력에 마이너스가 될 위험도 있다.

현재 자신이 추구하는 삶의 목표를 재확인하는 시간이 필요하다. 자기발전욕구인지 현실도피인지를 정확하게 파악해야 한다. 어느 하나도 오래 지속하지 못한다면 단순히 현실도피일 가능성이 크다.

금요일 사교댄스   화요일 요가

월요일 영어회화

발표회

의미 : 유치원에서 노래나 연극을 공연하는 자리
연관어 : 졸업식 / 운동회 / 학예회
장면 : 배운 것을 총망라하는 자리

유치원 발표회는 아이들의 화려한 무대다. 연극이 무대에 오른다면 부모는 당연히 자신의 아이가 주인공이 되기를 원한다. 그것이 힘들다면 아이가 공주역할이나 요정역할이라도 맡기를 기대하지만 악역이나 도둑 역할을 맡는 것은 원하지 않는다.

이런 부모들의 욕심이 충돌하기 때문에 선생님은 역할을 정하는 데 고심을 거듭한다. 결국 주인공 7명에 공주도 7명 등장시키고, 악역이나 병사는 선생님이 맡는 경우도 있다. 자신의 아이가 주목받는 데만 치중해 모두가 협력해 작품을 완성하는 공동작업의 중요성을 망각한다. 부모의 허례와 허영심이 이런 사태를 초래한 것이다.

자신의 아이가 주목받기를 원하는 마음은 알지만 이는 어디까지나 아이들의 무대다. 부모는 따뜻한 눈으로 그저 지켜봐주면 된다.

발표회는 아이들의 무대다. 모든 부모가 주인공이나 공주역할을 자신의 자녀가 맡기를 원하지만 발표회 본연의 목적을 상기할 필요가 있다.

찍어야지!

여러 명이라도 주인공은 주인공!

여자의 인간관계와 감정을 이해하는 핵심 키워드

배려

의미 : 상대방의 입장에서 도와주거나 보살펴주려고 마음 씀
유의어 : 마음을 쓰다 / 생각해주다 / 염려 / 걱정 / 동정
사용방법 : "상대방에게 배려하는 마음을 가지라"고 엄마께서 말씀하셨다

　배려는 다른 사람의 기분이나 형편을 걱정하는 마음을 말한다. '조화'를 중시하는 사람은 상대방의 표정이나 태도에서 그 사람의 기분을 추측해 배려하는 마음 씀씀이가 깔려 있다. 이는 사회적인 질서를 유지하고 원만한 인간관계를 구축하기 위해서도 중요한 덕목으로 손꼽혀왔다. 자신을 희생하더라도 상대방의 이익을 우선하는 사람도 있다.

　타인과의 다툼을 피하기 위해서는 배려하는 마음이 필수적이다. 자신만 생각하지 않고 상대방의 입장에서 생각하는 것이다. 반면 배려하는 마음이 없는 사람은 시간 약속을 잘 안 지키거나, 함께 움직일 때도 상대방을 고려하지 않고 멋대로 행동한다. 이런 친구가 있다면 앞으로의 관계를 심각하게 고민해야 할 것이다.

　배려하는 마음이 있으면 다른 사람과 다툼이 생기지 않는다. 자기 자신만 생각하는 친구와는 거리를 두는 편이 좋을 수도 있다.

배신

의미 : 다른 사람과의 신뢰를 저버리는 행위를 하는 것
유의어 : 배반 / 모반 / 등을 돌리다 / 불의
사용방법 : 믿고 있던 상사에게 배신당했다

바람직한 인간관계는 서로의 신뢰를 바탕으로 해야 성립될 수 있다. '이 사람이라면 믿을 수 있다'고 생각되는 사람들과 인간관계를 쌓아가는 것이므로 배신을 당했을 때의 충격은 크다.

배신을 쉽게 하는 사람들은 대개 타인에게 공감하지 못한다는 특징이 있다. 다른 사람에게 공감하지 못하기 때문에 양심이 발달하지 못해서 다른 사람에게 상처를 주어도 양심에 가책을 느끼지 않는 것이다. 배신해 얻을 수 있는 이익이 상대방에게 상처를 주는 손실보다 많다고 생각하면 아무렇지 않게 배신한다. 인간관계에 흥미가 없기 때문에 본인은 배신을 했다는 것조차 자각하지 못하는 유형도 있다.

다만 질투가 배신의 원인인 경우라면 이익을 우선했다고 보기는 힘들다. 남자친구가 생겼다거나 일에서 성공하는 등 자신이 갖지 못한 것을 친구가 가지게 되면 화가 나서 친구를 위기에 빠뜨리고 싶은 마음이 생기고, 그러한 마음이 배신으로 이어지는 것이다.

배신이 다른 사람에게 상처를 준다는 사실을 인지하지 못하는 사람도 있다. 아무리 착하고 신뢰할 수 있는 사람이라고 해도 주위 환경이나 인간관계에 따라서 배신할 수도 있다는 사실을 명심하라.

여자의 인간관계와 감정을 이해하는 핵심 키워드

밸런타인데이

의미 : 세계 각지에서 커플이 사랑을 확인하는 날로 2월 14일을 말한다
관련어 : 초콜릿
사용방법 : 밸런타인데이에 우정 초콜릿을 선물하다

밸런타인데이는 3세기 때의 가톨릭 순교자인 성 발렌티누스의 축일이다. 본래는 종교적인 행사였지만 14세기경부터 젊은이들이 카드를 교환하거나, 선물을 주고받는 날이 되었다. 여기에 초콜릿업계의 영향력이 작용해 '여성이 마음에 둔 남성에게 초콜릿을 선물하며 사랑을 고백하는 날'로 정착했다. 하지만 '우정 초콜릿' '화이트데이' 등이 생겨나면서 '사랑을 고백하는 날'이라는 의미도 퇴색되었다.

어쨌든 국민적 행사로 정착되어 내성적인 여성이나 수줍음이 많은 여성도 이날만큼은 자연스럽게 상대방에게 고백할 수 있다. 이날을 고백의 기회로 삼으면 관계를 발전시켜나갈 수 있을 것이다.

밸런타인데이는 여성이 사랑을 고백하는 날로 정착되었다. 요즈음은 우정 초콜릿 등 형태가 조금 달라지긴 했지만 여전히 국민적인 이벤트로 자리하고 있다.

부러움

의미 : 다른 사람의 우월한 부분을 보고 자신도 그렇게 되고 싶다고 생각하는 것
유의어 : 원망 / 바람 / 샘나다
사용방법 : 모델 같은 스타일을 부러워하다

높은 연봉이 부럽고, 멋진 남자친구가 있는 게 부럽다. 우리는 자주 '저 사람은 좋겠다'는 생각을 한다.

부러움이라는 감정은 동경과 일맥상통하는 감정으로 결코 나쁜 감정은 아니다. 예컨대 프로젝트에 발탁된 동기에게 부러움을 느껴서 자신도 그렇게 되도록 분발하겠다며 의욕을 불태운다면 부러움이라는 감정을 발판으로 한 긍정적인 결과다.

반면 '왜 저 사람만 뽑는 거지? 특혜가 아닐까?' 하는 분노의 감정이 올라온다면 그건 문제다. 부러움의 감정 안에 질투심이라는 불꽃이 타닥타닥 타오르고 있다는 증거이기 때문이다.

질투는 자신을 괴롭히는 부정적인 감정으로 발전하기 쉽다. 그러니 질투를 동반한 부러움의 감정이 든다면 그것이 부정적인 감정으로 바뀌기 전에 긍정적으로 바꿔보자. 누군가가 발탁된 것은 그만한 노력을 했기 때문임을 인정하고 축하하는 마음을 가지도록 해야 한다.

부럽다고 느끼는 것은 자신을 다른 사람과 비교하기 때문이다. 원래 남의 떡이 더 커 보이기 마련이다. 남의 떡을 부러워하기보다 자신의 떡을 맛있게 먹기 위해 노력하는 편이 훨씬 더 현명하다.

여자의 인간관계와 감정을 이해하는 핵심 키워드

부루퉁하다

의미 : 불만·불평을 품고 토라지다
유의어 : 팽개치다 / 자포자기하다 / 토라지다 / 기분이 상하다 / 불쾌하다
장면 : 자신의 생각대로 되지 않을 때

일이 계획대로 진행되지 않아 상사에게 질책을 받거나, 최선을 다했는데도 높은 평가를 받지 못했을 때 부루퉁한 태도를 보이는 사람이 있다. 다양한 상황이 있겠지만 실력을 인정받지 못한다고 느낄 때 부루퉁해지는 사람이 많은 듯하다.

사람에게는 타인에게 인정받고 싶은 욕구(타인인정욕구)가 있으므로 당연히 정당한 평가를 받고 싶어 한다. 오해받고 기분이 좋은 사람은 한 명도 없다. 불편한 마음도 이해하지만 부루퉁하게 있어봐야 아무런 도움도 되지 않는다. 오히려 주변 사람에게 '저 사람은 다루기 힘들다'고 각인될 뿐이다. 이런 때는 자신을 객관적으로 보고 불쾌함의 원인이 무엇인지 명확하게 규명하는 데서 시작해야 한다.

원인을 찾았다면 그다음에는 자신이 어떤 행동을 해야 할지, 주위 사람들의 오해를 사지 않으려면 무엇을 해야 할지를 고민해 실행한다.

부지런함

의미 : 수고를 아끼지 않고 민첩하게 움직이며, 부지런히 일하는 것
유의어 : 땀 흘리다 / 열심 / 근면 / 성실
사용방법 : "저 사람은 예의 바르고 부지런한 사람이다"

ㄱ
ㄴ
ㄷ
ㄹ
ㅁ
ㅂ
ㅅ
ㅇ
ㅈ
ㅊ
ㅋ
ㅍ
ㅎ

일이나 공부를 하려고 하지만 좀처럼 손에 잡히지 않는다. 게임이나 드라마 시청이나 SNS 등 다른 데 정신이 팔려서 지금 꼭 해야 하는 일을 결국 뒤로 미루고 만다. 이런 성향이 강한 사람을 심리학적으로 '성취동기가 약한 사람'이라고 한다.

성취동기란 과제나 목적에 능동적으로 달려들어 그것을 달성하려는 마음가짐을 말한다. 성취동기가 강한 사람은 과제가 주어지면 곧바로 몰입해 순식간에 처리해간다. 하지만 성취동기가 약한 사람은 마냥 미루기만 하고 좀처럼 시작하려고 하지 않으며, 성취동기가 강한 사람이 과제를 끝낸 시점에서야 겨우 과제를 시작하는 사례도 많다.

부지런한 사람은 대개 성취동기가 강한 사람이다. 하지만 처음부터 부지런했던 사람은 드물다. 여러 가지 고민이 있으면 한 가지 일에만 집중할 수 없어 성취동기가 약해질 수도 있다. 이런 사람은 먼저 자신의 문제를 하나씩 해결해가도록 해야 한다.

만날수록 좋아지는 사람

성취동기가 약한 사람은 곧바로 시작할 수 있는 일처럼 실천에 옮기기 쉬운 일부터 시작해야 한다. 만약 학생이라면 과제 프린트를 책상 위에 펼쳐두는 정도라도 좋다. 과제 프린트를 책상 위에 펼쳐놓기만 하면 목표 달성이다. 이렇게 작은 목표를 설정하고 그것을 실천하면 스스로를 칭찬한다. 이를 여러 번 반복하다 보면 성취동기가 약한 사람도 부지런하게 움직이는 것이 익숙해질 것이다.

115

부지런한 사람은 인간관계 형성에서도 유리하다. 상대방에게 연락을 하거나, 약속 시간을 잡는 일에도 부지런해서 적극적으로 상대방과 만날 기회를 만든다. 대개 만남의 기회가 많을수록 '단순노출의 원리'에 따라 상대방에 대한 호감이 커지기 마련이다. 세심한 부분까지 신경 쓰는 부지런한 사람은 이벤트 개최나 여행 준비, 행사 총괄 등에서도 활약한다.

부지런한 사람은 성취동기가 강해서 과제를 받으면 곧바로 처리해나간다. 또한 빈번하게 상대방과 만나는 기회를 만들어 사람들에게 호감을 준다.

`Column` **단순노출의 원리**

얼굴을 대하거나 이야기하는 횟수·빈도가 증가할수록 상대방에게 호감을 느끼게 된다. 이것이 단순노출의 원리다. 접촉하는 횟수나 빈도가 잦을수록 친밀해진다는 논리다. 미국의 심리학자 로버트 자이언스가 논문에서 정리한 이론이므로 '자이언스 효과'라고도 부른다. '호의의 반보성(Give and Take)'처럼 연애를 할 때 자주 사용되는 방법이지만 여성 사이의 인간관계에서도 같은 효과를 얻을 수 있다.

부하직원(여성 부하직원)

의미 : 상사의 지시·명령에 따라 행동하는 사람
유의어 : 수하 / 종업원 / 스태프
장면 : 직장 / 아르바이트 하는 곳

ㄱ
ㄴ
ㄷ
ㄹ
ㅁ
ㅂ
ㅅ
ㅇ
ㅈ
ㅊ
ㅋ
ㅍ
ㅎ

여성들 중에는 업무 진행과정보다 원만한 인간관계에 중점을 두는 사람이 있다. 그런 부분에서 여성 상사와 여성 부하직원의 관계에 어려운 부분이 있다. 상사와 부하직원의 관계가 아니라 동성 사이의 질투가 은연중에 작용하는 경우라면 특히 그렇다.

여성 상사에게 기본적인 인사와 연락, 상담을 하는 것은 조심해야 한다. 즉 동성이라고 해서 상사에게 지나치게 의지하거나, 사적인 부분까지 침범하거나, 사적인 상담을 하는 일은 없도록 해야 한다. 상사와의 거리가 너무 가까워지면 자신도 모르게 편한 말투를 사용하게 될 수 있으므로 주의해야 한다. 상사 또한 마찬가지로 부하직원과의 적당한 거리를 유지하는 것이 중요하다.

여성 상사와 부하직원의 관계는 복잡하다. 질투를 살 만한 태도를 취하지 않도록 주의해야 하고, 서로의 사적인 부분까지 침범하지 않도록 주의해야 한다.

음,
그런데
그건
선배 시대
이야기
아닌가요?

여자의 인간관계와 감정을 이해하는 핵심 키워드

부하직원 다루는 법

의미: 부하직원의 역량을 최대한 발휘하게 만드는 방법
유의어 : 리더십 / 지휘능력 / 통솔력
사용방법: "저 사람은 부하직원 다루는 능력이 탁월해"

여성은 상대방의 표정이나 몸짓 등을 통해 감정을 읽어내는 능력이 탁월하므로 부하직원과의 비언어 커뮤니케이션에도 능하다. 하지만 업무 진행방법 등 복잡한 내용에서는 언어적인 커뮤니케이션이 필수적이다.

심리학자 로버트 자욘스(Robert Zajonc)의 '인지성의 법칙'에 따르면 사람은 상대방의 내면을 알수록 호감을 느낀다. 아는 사람에게는 친절하게, 낯선 사람에게는 냉담하게(때에 따라서는 공격적으로) 대응한다는 것이다.

상사와 부하직원의 관계도 마찬가지다. 남녀를 불문하고 자주 접촉해 자기 개시(자신의 내면을 내보이는 것)를 통해 교류하며 원만한 커뮤니케이션을 해나가야 한다. 부하직원과의 원만한 관계를 구축하는 것이 일에서 성공하는 첫걸음이다.

사람은 상대방의 내면을 깊이 알수록 호감을 느낀다. 부하직원과 자주 커뮤니케이션을 하고, 때로는 속마음을 보여줌으로써 상대방과의 거리를 줄여나가야 한다.

불륜

의미 : 배우자 이외의 사람과 교제하는 것
유의어 : 간음 / 밀통 / 불의 / 바람
사용방법 : 과장님과 A양의 불륜

파국을 원하지 않으면서도 불륜을 저지르는 남녀가 많다. 구체적인 이유는 다양하다. 배우자에게 불만이 있어서, 일상에서 얻지 못하는 만족감을 얻으려고, 단순히 성욕을 억제하지 못해서, 혹은 예비로 다른 상대를 확보해두고 싶어서 등이다. 여기에는 현재의 생활에 만족하지 못한다는 공통점이 있다.

상대방이 평소 무엇을 원하는지에 대해 충분히 이야기 나누고, 서로 매일매일 생활을 즐기는 여유를 가짐으로써 불륜의 가능성을 줄일 수 있다. 그럼에도 상대방이 불륜을 하고 싶어 한다면 두 사람의 관계나 심리적인 부분에 문제가 숨어 있을 수도 있다. 결혼생활을 이어가기를 원한다면 상담치료 등을 통해 서로의 관계를 근본적으로 살펴보는 작업이 필요하다.

불륜은 배우자와의 현재 관계성과 크게 연관되어 있다. 생활이나 서로의 생각을 알아보는 과정을 통해 현재 상황에 불만을 느끼는 원인이 무엇인지를 찾아봐야 한다.

119

불임치료

의미 : 임신을 하기 위한 의료행위와 준비
유의어 : 아기 만들기 / 임신준비
장면 : 아기가 갖고 싶을 때

결혼 후 자연임신을 기다리는 대신 의료기관을 찾아 임신준비를 하는 경우는 크게 2가지다. 나이가 많거나 주위의 압박이 큰 경우다.

같이 임신을 준비하던 사람이 먼저 임신에 성공하면 축복하는 마음과 더불어 복잡한 기분이 드는 것도 충분히 이해가 된다. 하지만 지나치게 신경을 쓴 나머지 스트레스를 받거나, 주변 사람과 관계가 나빠지는 상황은 바람직하지 않다.

자신의 임신에 다른 사람은 관계가 없으므로 신경 쓸 필요가 없다. 그 사람들이 아무래도 마음에 걸린다면 한동안 거리를 두는 게 좋다. 마음의 안정을 찾는 것이 무엇보다 중요하다.

만약 주위에 난임으로 힘들어하는 사람이 있다면 신뢰할 수 있는 친구로서, 가능하다면 경험자로서 고민을 들어주면 된다. 고민을 들어주는 것만으로도 스트레스가 감소된다.

비교 심리

의미 : 늘 자신과 다른 사람을 비교한다
유의어 : 다른 사람의 행복을 질투하다 / 남의 떡이 더 커 보인다
장면 : 자신의 존재 가치를 알 수 없을 때

자신과 타인을 비교하는 것은 자신이 다른 사람의 눈에 어떻게 비칠지를 신경 쓰기 때문이다. 즉 자존심이 강해서 다른 사람보다 뒤처지는 것, 혹은 뒤처지는 듯 보이는 것을 견딜 수 없기 때문이다. 그렇다면 노력해서 그 누구에게도 뒤지지 않는 사람이 되면 되지만, 이렇게 노력하는 과정에서 자기부정을 하게 되고 자존심이 상할 수 있다.

외모나 경력, 사회적 지위 등이 주요 비교사항이지만 본래 이런 가치들의 기준은 상대적인 것이어서 확실히 우열을 가리기 힘들다. 그래서 이런 경향이 있는 사람은 마음이 불편해지며 악순환에 빠지는 특징이 있다.

이 성격을 바꾸려면 '다른 사람처럼 되고 싶다'가 아니라 '나는 어떤 모습이 되고 싶다'라는 것을 고민해보고, 그러한 자신의 모습을 기준으로 한 삶을 살아야 한다.

넓은 시각으로 세상을 바라보면 삶의 방식에 절대적인 기준 같은 건 없다는 것을 알 수 있다. 자신과 타인을 비교하는 행동의 원인은 스스로 인생에 명확한 목표가 없기 때문이다. 타인의 눈이 신경 쓰이지 않을 정도로 본인의 삶에 열중해 좇을 수 있는 목표를 세우자.

여자의 인간관계와 감정을 이해하는 핵심 키워드

사과 전화

의미 : 다른 사람에게 피해를 끼친 일에 대해 용서를 비는 것
유의어 : 사의 / 사죄 / 용서를 빔
사용방법 : 아이 문제로 사과 전화를 걸었다

사이가 좋은 친구 사이도 때로는 싸운다. 사소한 말실수라도 그 후의 대처를 어떻게 하느냐에 따라 절교하거나 화해하게 될 수 있으므로 시간을 끌지 말고 바로 사과하는 것이 최선이다. 가능하다면 직접 만나 사과하는 편이 이후의 관계에 도움이 된다. 시간이 지날수록 사과하기 힘들어지거나, 싸움의 내용에 따라서는 더욱 진흙탕 싸움이 될 수도 있다.

직접 만날 수 없거나 만나기가 어색할 때는 전화를 이용하면 좋다. 얼굴을 마주하고 있지 않은 편이 사과하기도 더 쉽고, 상대방의 목소리에 집중하면서 이야기하면 상대방의 진심을 읽을 수 있어 진심 어린 사과의 말을 전할 수도 있다.

친구 사이의 관계에서 자존심 싸움이 시작되면 쉽사리 해결되지 않는다. 이런 때는 상대방에게 잘못이 있다고 생각해도 먼저 사과를 한다면 인간으로서 한 단계 더 성장할 것이다.

솔직하고 진지하게 사과해야 상대방에게 마음이 전달된다. 아무리 친한 친구라도 진심을 담아 "미안해"라고 말하는 것이 최소한의 예의다.

휘파람 불 때 표정 가지고 놀려서 미안해

사랑 이야기

의미 : 연애에 관한 화제
유의어 : 연애담 / 로맨스 스토리 / 소문
사용방법 : 친구와 사랑 이야기로 분위기가 무르익다

　사람들은 사랑 이야기를 좋아한다. 사랑 이야기는 젊은 여성들 대화의 주된 주제로, 대개 이 이야기가 나오면 분위기가 무르익는다. "사실 나 A군과 사귀고 있어" "같은 반 B군을 좋아해" "내 이상형은 C군이야" "데이트로 거기에 갔었어" 등 화제는 끊이지 않는다.

　연애 경험이 적은 여성들에게 이런 이야기는 도움이 된다. 남성과의 궁합, 남자친구 만드는 법, 예전 남자친구 이야기, 친구에서 연인으로 발전하는 방법 등의 체험담을 교환하며 허심탄회하게 이야기하는 것은 좋은 참고가 된다.

　다만 자랑은 적당히 하는 것이 좋다. 자랑이 지나치면 듣는 쪽의 기분이 상할 수 있기 때문이다. 또한 사랑 이야기를 좋아하지 않는 사람에게 자기 이야기만 계속하면 친구관계에 균열이 생기게 될 수도 있다.

　사랑 이야기는 거의 100퍼센트 확률로 분위기를 달아오르게 만든다. 옛 남자친구 이야기 같은 연애의 성공담과 실패담이 주된 주제다. 하지만 지나친 자기 자랑으로 흐르지 않도록 주의해야 한다.

여자의 인간관계와 감정을 이해하는 핵심 키워드

사택

의미 : 회사가 직원을 위해 준비한 주거지
유의어 : 임대주택 / 사원 숙소 / 기숙사
장소 : 취업한 회사에서 준비해준 주택 / 결혼 후 남편의 직장 때문에 살게 된 장소

사택은 기업이 복리후생의 일환으로 직원을 위해 준비한 주택을 말한다. 사택의 장점으로는 저렴한 임대료와 편리한 통근은 물론 주민들이 모두 같은 기업에 근무하기 때문에 생활수준이 비슷하고, 문제가 발생해도 해결하기 쉽다는 점 등을 들 수 있다.

한편 단점으로는 사택이기 때문에 행사나 규칙에 반드시 따라야 하고, 이웃과의 교류가 필수적이며, 갈등이나 문제가 생겼을 때 회사에까지 이어질 수 있다는 점 등을 들 수 있다. 상사와 부하직원의 관계가 회사를 나온 이후에도 계속 이어지기도 한다.

하지만 요즘에는 사택이 있는 회사가 많지 않다. 또한 맞벌이 세대가 증가했기 때문에 농밀한 인간관계가 생기기도 힘들어졌다. 심리적 거리를 유지하고서 제멋대로 상대방의 영역에 침입하지 않는다면 갈등이나 문제를 피할 수 있다.

사택은 임대료가 싸고 통근이 편리하며 주민 간 생활수준이 비슷하다는 장점도 있지만, 행사나 규칙에 무조건 따라야 한다는 단점도 있다.

산후 우울증

의미 : 임신 중 또는 산후에 이유 없이 기분이 가라앉는 등 정서적으로 불안정한 상태
유의어 : 결혼 전 우울증
장면 : 출산 전후의 여성

산후 우울증(Maternity Blue)은 임신중이나 출산 후에 갑자기 슬퍼지거나, 눈물이 나거나, 정서적으로 불안정한 상태가 되는 것을 말한다. 출산에 대한 불안, 처음 겪는 상황으로 인한 피로와 스트레스가 원인이다. 그 외에도 호르몬의 변화로 발생하기도 한다. 임신중에는 태반에서 어마어마한 호르몬을 만들지만 출산하면서 태반도 배출되어 체내 호르몬 양이 급격하게 감소한다.

이런 류의 증상은 대개 시간이 경과하면 자연적으로 진정되지만, 상당한 기간이 지나도 증상이 개선되지 않는다면 산후 우울증을 의심해봐야 한다. 우울증은 질병이므로 즉시 의료기관을 방문해야 한다. 주위에 이런 사람이 있다면 의료기관에 상담하는 등 도움을 주도록 하자.

아기를 출산하면 호르몬이 무너지고, 출산과 육아에 따른 피로까지 겹치면서 정서불안상태가 된다. 시간이 지나도 이런 상태가 지속되면 산후 우울증일 수 있다.

왜애애애애애

왜 눈물이 멈추지 않는 거야!

125

상담

의미 : 고민거리를 털어놓으며 해결방법을 모색하는 것
유의어 : 비밀 이야기 / 심경토로 / 고백
사용방법 : 고민을 상담할 수 있는 상대

'결혼이 망설여진다' '직장이 맞지 않는다' 등 고민은 끝이 없지만 그것을 누군가에게 털어놓으며 상담하는 사람이 있는가 하면, 다른 사람의 고민을 잘 들어주는 사람도 있다. 고민을 잘 들어주는 사람은 대부분 다른 사람의 이야기에 고개를 끄덕이며 공감하면서 들어주는 경향이 있다.

상담을 원하는 대부분의 여성은 해결방법을 제시해주기보다 단순히 고민을 들어주는 것을 필요로 한다. 따라서 누군가가 고민거리를 들고 상담해왔을 때 어떤 조언을 해줄지 심각하게 생각할 필요까진 없다.

상대방이 힘들어하는 부분에 공감의 리액션만 충실히 해주면 된다. 그렇게 하면 상담을 청한 사람은 위로받은 기분이 들어서 감사함을 표시할 것이다. 하지만 상담을 지나치게 잘 받아주면 매번 고민거리를 들고 와서 여러분을 지치게 만들 우려도 있으므로 주의해야 한다.

누군가에게 상담을 청하려는 사람은 마음의 여유가 없는 만큼 타인의 상황을 배려하지 못한다. 그러므로 상담을 청할 때는 상대방의 상황을 고려하면서 상담할 타이밍을 잡아야 한다.

상사(여성 상사)

의미 : 조직이나 팀에서 자신보다 높은 지위에서 자신을 감독·지도하는 사람
유의어 : 리더 / 사수 / 관리직 / 임원 / 선배
사용방법 : 그녀는 상사를 다루는 데 능숙하다

상사의 성격에 따라 상대방을 대하는 방법도 달라지므로 먼저 여성 상사의 성격이나 행동 패턴을 자세히 관찰해야 한다.

밝고 외향적인 타입의 상사는 모든 일에 적극적이며 결단을 내릴 때도 주위 사람들의 의견에 귀를 기울인다. 이런 상사라면 솔직하게 자신을 드러내고 가식 없이 대하면 된다. 억지로 무리를 하거나 애써 거짓말할 필요가 없다.

한편 생각이 깊고 내성적인 타입의 상사는 자신과 자신의 팀을 부각시키는 데는 서툴지만 인내심이 있으며 웬만한 일에는 끄떡하지 않는다. 이런 상사에게 의견이나 제안을 할 때는 확실한 근거를 제시해 논리적으로 설명해야 한다.

여성 부하직원은 동성의 상사에게 상담을 청하기가 쉬울 수도 있다. 또한 동성이니 몇 년 후의 자신의 모습을 그려보며 목표로 삼을 수도 있다.

먼저 상사의 성격과 행동 패턴을 유심히 관찰하라. 같은 여성이기 때문에 의논하기 편한 측면도 있으므로 원만하게 지내도록 한다.

여자의 인간관계와 감정을 이해하는 핵심 키워드

샌드위치 상태

의미 : 대립하는 양자 사이에서 어느 한쪽의 편도 들 수 없어 곤란한 상태
유의어 : 딜레마
장면 : 친구관계 / 직장 / 자매 / 고부

어려운 난제를 들이대는 상사와 지시를 따르지 않는 부하직원. 자기중심적으로 하고 싶은 말을 마음대로 쏟아내는 친구와 그 친구를 비난하며 험담을 하는 친구. 이런 두 사람 사이에서 이러지도 저러지도 못해 괴로운 처지에 놓인, 고래 싸움에 등 터지는 새우의 상황을 '샌드위치 상태'라고 한다.

이 포지션이 싸움의 당사자보다 괴로운 것은 가운데 끼어 있는 사람이 양쪽의 스트레스를 모두 껴안고 있기 때문이다. 당사자는 마음껏 본인의 생각과 의견을 말하고 험담을 쏟아내지만, 정작 그것을 듣고 있는 상대방의 기분 같은 건 안중에 없다. 게다가 어느 한쪽의 이야기를 들어주면 그것만으로도 또 다른 한쪽의 감정을 상하게 하므로 가운데 끼어 있는 사람은 어떻게 대처해야 할지 고민스럽다.

이런 샌드위치 상태가 되기 쉬운 사람은 모든 사람에게 붙임성이 좋고, 자신의 의견을 내세우지 않는 성격인 사람들이 많다. 반대로 말하면 '모든 사람에게 호감을 주고 싶다, 미움받고 싶지 않다'는 심리가 숨어 있다. 양쪽 당사자의 의견에 동조하거나 모호한 태도를 취하다 보면 어느 순간 '저 사람은 자기 생각이 없다'며 주위 사람들에게 경멸을 받아, 심지어 대립하는 양쪽 사람보다 더 나쁜 사람이 되어버리기도 한다.

이렇게 되지 않기 위해서라도 '나는 이렇게 생각한다'고 분명하게 자신의 의견을 전달하고, 어느 쪽의 편도 들지 않겠다는 중립의 입장을 유지하는 것이 중요하다. 자신의 의견을 분명하게 말하면 문제에 휘말릴 일이 적어질 것이다.

여성이 많은 직장에서는 친한 동료들 무리 사이에서 샌드위치 상태가 되어 고민하는 상황이 자주 발생한다. 양쪽을 조정하려고 고민하기보다 그 문제를 건드리지 않는 방법이 더 현명하다. 자신에게 무엇이 이득인지를 우선으로 생각하라.

Column **샌드위치 상태에서 발생하는 '샌드위치 증후군'**

샌드위치 증후군이란 상사와 부하직원 사이에 끼어 발생하는 스트레스로 인해 심신에 이상이 나타나는 것이다. 중간관리직에서 자주 나타나기 때문에 관리직 증후군, 매니저 신드롬이라고도 부른다. 증상은 만성피로, 두통, 심장 두근거림, 고혈압, 현기증, 불면증, 우울증, 자율신경이상, 소화기관계 질환 등이 있다. 근면성실하며 꼼꼼하고 세심한 사람이 이러한 증후군에 걸릴 확률이 높다. 주위 사람들을 지나치게 배려해 자신의 감정을 억누르는 상황이 많아지다 보니 심신에 피로가 쌓여 증상으로 나타나게 되는 것이다.

중간관리직은 정신적으로도 체력적으로도 피곤한 위치다. 상사로부터의 압박, 부하직원의 불평불만을 한꺼번에 떠맡아야 하기 때문이다. 양쪽의 고충을 잘 알기에 모두의 마음을 헤아리느라 가운데 끼어 이러지도 저러지도 못하는 것이다. 자신이 해결할 수 없는 능력 밖의 일이라고 생각한다면, 솔직하게 상대방에게 이야기하는 것도 이런 상황을 예방하는 방법 중 하나다.

129

생일

의미 : 태어난 날
유의어 : 기념일 / 생년월일 / 생일 파티
사용방법 : 생일이 올 때마다 초조함을 느낀다

기념일을 무척 중요하게 여기는 여성이 많다. 연인이 크리스마스나 밸런타인데이를 기억해 그날을 자신에게 특별한 날로 만들어주기를 기대한다. 여성에게 기념일은 단순한 기념일만을 의미하지 않는다. 이런 특별한 날을 연인이 자신과 어떻게 보내는지가 중요하다.

생일은 나만을 위한 기념일

크리스마스나 밸런타인데이 등의 기념일이 연인과 특별한 날로 기억되기를 바라는 정도의 의미라면 분명 생일은 더 특별해야 한다. 왜냐하면 생일이란 그 사람만을 위한 기념일이자 그 사람이 주인공이 되는 날이기 때문이다.

자신만을 위한 기념일을 중요하게 생각하는 것은 당연하다. 그리고 상대방이 자신의 생일을 어떻게 축하해주는지를 통해 상대방이 자신을 얼마나 소중하게 생각하는지를 짐작할 수 있다. 즉 자신의 가치를 가늠하는 잣대라고도 할 수 있다.

반대로 자신이 다른 사람의 생일을 기억하고 있는지를 통해 그 사람에 대한 감정의 깊이를 알 수 있다. 대부분 연인의 생일은 당연히 기억할 것이다. 하지만 친구나 동료의 생일을 기억하는 사람도 있지만 그렇지 않은 사람도 있을 것이다. 생일을 기억한다는 것은 상대방에게 관심이 있다는 증거다.

생일을 맞이할 때마다 여성으로서의 변화를 느낀다

여성은 연령이 더해지면서 신체적으로도 민감해지는 측면이 있다. 삶의 기반이 변화하면서 어린 시절과는 또 다른 생일을 맞이하기 때문에 감정이 복잡해진다.

동성끼리 생일을 축하하는 자리에서는 같은 여성이기 때문에 서로 나눌 수 있는 생각과 감정도 있을 것이다. 친한 친구끼리 맛있는 음식을 먹으러 가거나, 서프라이즈 파티를 여는 등 다양한 방법으로 생일을 즐길 수 있을 것이다.

생일이란 매우 특별한 날이다. 그날을 기억하는가에 따라 상대방에 대한 관심의 정도를 측정할 수 있다. 생일이 중요한 기념일 중 하나라는 사실은 분명하다.

축하해!! 내 생일!

여자의 인간관계와 감정을 이해하는 핵심 키워드

서열 다툼

의미 : 상대방보다 우위에 서려는 것
유의어 : 자기애 / 자기애 콤플렉스 / 자존 감정 / 경멸
사용방법 : "서열 다툼에만 집착하면 아무도 지켜주지 않아"

동물들은 자신의 우위를 보여주기 위해 상대의 등에 올라타는 이른바 '마운팅(mounting)'을 한다. 인간관계에도 자신이 상대방보다 우위임을 주장하는 말과 행동을 하는 사람이 있다. 자기애가 강하고 자신의 능력을 과대평가하는 경향이 있어 호언장담하는 유형에서 자주 나타난다.

'나는 무엇이든 할 수 있다' '나만큼 우수한 사람은 없다'고 생각하며 실제로도 자주 이렇게 말한다. 일에서 실패해 우월성이 부정당하는 듯 느껴지면 자존심을 지키기 위해 거짓말을 하거나, 심지어 다른 사람에게 책임을 전가하기도 한다. "저 사람이 방해해서 그 일에 실패했어. 내 책임이 아니야. 저 사람 잘못이야"라는 식으로 남의 탓을 하며 책임을 돌리는 것이다.

이 유형은 상대방을 제압하기 위해 억지스러운 충고를 하기도 하지만 책임감이 결여되었을 가능성이 크다. 때문에 자칫 그의 말대로 하면 오히려 불이익을 받을 수 있으므로 주의해야 한다.

서열 다툼하는 여성이 증가하고 있다?

서열 다툼하는 사람은 칭찬에 목마르기 때문에 어디에서든 자신이 특별한 대우를 받기를 기대한다. 공감능력이 낮아서 다른 사람의 감정이나 고통을 거의 알아채지 못한다. 인간관계를 상하 혹은 승패로 양분해 생각하기 때문에 자신보다 높은 위치에 있는 사람을 질투하거나 낮은 위치에 있는 사람이 자신을 질투한다고 자주 착각한다.

약간의 비판에도 쉽게 상처받고 상대방에게 맹렬하게 화를 낸다. 가끔

은 겸허한 자세를 보여주기도 하지만 그의 말 속에서 '나는 당신보다 힘이 있다, 그러니까 나에게 경의를 표해야 한다'는 메시지를 은연중에 드러낸다.

서열 다툼은 자신을 지치게 만들 뿐이라는 사실을 기억하라. 서열 다툼은 상대방과의 소모적인 힘겨루기나 마찬가지다. 상대방과의 힘겨루기는 싸우는 그 행위에 의식을 집중해야 하므로 결국 심신이 피폐해진다. 이런 서열 다툼을 통해 얻을 수 있는 이득은 생각만큼 크지 않다는 사실을 깨달아야 한다.

때로는 서열 다툼을 하는 자신을 되돌아보라. 그만큼 이득이 크지 않으며 승리에 집착하는 자신이 어리석게 보일 것이다. 그런 일에 에너지를 낭비하기보다 유익한 일에 사용하는 편이 좋다.

반드시 내가
최고여야 해!

여자의 인간관계와 감정을 이해하는 핵심 키워드

선물

의미 : 물건을 주는 것
유의어 : 답례품 / 기프트 / 기념품
장면 : 생일 / 크리스마스 / 축하 / 기념일

선물은 친한 상대나 앞으로 친해지고 싶은 상대에게 물건을 주는 행위로 호의의 표현이라 할 수 있다. '호의의 반보성(Give and Take)' 원리 때문에 호의는 호의로 되돌아오므로 인간관계를 구축하는 데 효과적인 수단 중하나다. 다만 지나치게 고가인 물건은 자제하도록 하자.

오 헨리의 단편소설 가운데 「크리스마스 선물」이라는 작품이 있다. 가난한 부부가 서로에게 크리스마스 선물을 살 돈을 마련하기 위해 고심한다. 남편은 소중한 회중시계를 전당포에 맡겨서 아내의 아름다운 머리카락을 장식할 '대모갑으로 만든 머리빗'을 샀다. 아내는 남편의 회중시계에 채울 '백금 시곗줄'을 사기 위해 머리카락을 잘라서 팔았다. 가슴 아픈 엇갈림이지만 작가는 '세상에서 가장 고귀한 선물'이라고 말한다. 이처럼 선물은 그 속에 담긴 마음이 중요한 것이다.

선물은 인간관계를 형성하는 데 효과적인 수단 중 하나이지만 느닷없이 고가의 물건을 선물하는 것은 바람직하지 않다. 부담스러운 선물은 오히려 경계심을 품고 거리를 두게 될 위험이 있다.

선배

의미 : 학년이나 연령, 경험치가 많은 사람
유의어 : 선학 / 선구자 / 손위 / 고참
장면 : 직장 / 학교

학교를 졸업한 이후에도 선배는 늘 존재한다. 직장 선배, 선배 엄마 등 오히려 학창 시절보다 선배의 수와 종류가 늘어난다.

선배와의 교류를 힘들어하는 사람이라면 다시 기본으로 돌아가 처음부터 재검토해보자. 상대방이 선배라고 생각하면 주눅이 들기 마련이지만 이는 오히려 역효과를 준다. 손윗사람으로 존중하면서도 인사나 일상적인 대화는 솔직하고 편안하게 하는 편이 좋은 인상을 준다.

다양한 조언을 해주는 선배에게는 조언을 해준 자체에 감사를 표시하는 것이 좋다. 그렇다고 자신과 맞지 않은 선배와 굳이 사이좋게 지낼 필요는 없다. 때에 따라서는 사적인 이야기는 최소한으로 줄이는 등 적절한 거리를 유지할 필요도 있다.

선배와 잘 지내려면 손윗사람으로 존중하면서도 적절한 거리감을 유지하는 태도가 중요하다. 선배가 내 편이 되면 마음 든든한 존재가 된다.

여자의 인간관계와 감정을 이해하는 핵심 키워드

성형

의미 : 미의식에 바탕을 두고 외모를 개선하는 것을 목적으로 한 의학
유의어 : 미용외과 / 안티에이징 / 아름다운 얼굴
장면 : 자신의 외모에 콤플렉스를 느낄 때

외모에 콤플렉스가 있는 사람은 대개 처음에는 다이어트와 화장법으로 자신의 약점을 보완하려고 한다. 그것으로도 만족할 수 없을 때 미용성형으로 관심을 돌리는 것이다.

성형을 한 후 주위 사람들에게 "요즘 예뻐졌다"는 소리를 들으면 욕구가 충족된다. 하지만 이것이 정신적으로 강한 쾌감을 자극하면 또다시 이같은 쾌감을 얻기 위해 점점 성형 강도를 높여갈 위험도 있다.

물론 아름다워진 외모를 통해 밝고 긍정적인 인생을 살게 된다면 더할 나위가 없다. 하지만 아름다워지고 싶다는 본래의 목적에서 벗어나 성형을 반복하는 것은 마음의 문제일 수도 있음을 자각해야 한다. 성형을 한 여성들은 대개 그 사실을 숨기는 경우가 많은데, 이런 고립이 성형의 세계에 계속 빠져들게 하는 원인으로 작용한다.

반복되는 과도한 성형은 점점 그 정도를 더해갈 가능성도 있으므로 심리 상담을 받는 등의 대처를 해야 한다.

셀카

의미 : '셀프카메라'의 약어, 자신의 모습을 스스로 촬영해 SNS 등에 올리는 행위
유의어 : 셀피 / 기념사진
장소 : 여행지 / 파티 / 이벤트

끊임없이 SNS에 셀카를 업로드하는 사람들은 몇 가지 타입으로 나뉜다. 첫 번째는 자기과시욕이나 타인인정욕구가 강한 타입으로 사람들에게 칭찬받거나 인정받고 싶은 열망이 강하다. 늘 타인의 주목을 받고 싶어 하기 때문에 주위의 시선을 의식하면서 행동한다. 두 번째는 자기애가 강한 타입이다. 함께 사진을 찍는 친구나 유명관광지, 디저트 등은 모두 자신을 빛나게 해주는 무대장치에 불과하다. 다른 사람에게 흥미가 없다고 공공연히 말하고 다니며, 주변 사람들도 그렇게 인정하는 경우가 많다. 세 번째는 셀카의존증 타입이다. 이들은 자신의 모습을 SNS에 올리는 행위를 최우선으로 생각한다. 그 외의 일은 무관심하기 때문에 생활에 지장이 생기는 사람도 많다. 정도가 심하다면 주의가 필요하다.

지나치게 셀카에 집착하는 사람들은 자기과시욕이나 타인인정욕구가 강한 타입, 자기애가 강한 타입, 셀카의존증 타입으로 나뉠 수 있는데 과도하게 의존하는 경우에는 주의가 필요하다.

137

셋째 딸

의미 : 장녀, 차녀 다음으로 태어난 세 번째 딸
유의어 : 막내
사용방법 : "셋째 딸이라서 응석받이로 자랐어요"

셋째 딸은 어릴 때부터 장녀, 차녀와 '집단'으로 지내기 때문에 인간관계를 맺는 데 익숙하며, 고도의 커뮤니케이션 능력을 지니고 있다. 셋째 딸은 많은 사람들 앞에서도 주눅 들지 않고 가족들과의 경험을 살려 연장자나 상사, 사회적으로 지위가 높은 사람을 대하는 데도 능숙하며, 귀여운 면이 있어서 누구에게나 사랑받는다.

셋째 딸은 옷이나 장난감, 학용품 등을 기본적으로 장녀, 차녀에게 물려받아왔기 때문에 어떤 상황에서도 불평이나 불만을 표현하지 않는 유형이 많다. 하지만 자신의 요구나 의견은 당당하게 표현하며, 심리싸움에도 능수능란해서 교묘하게 자신의 요구나 의견을 관철시킨다. 그럼에도 주위 사람들에게 반감을 사는 경우가 거의 없다.

셋째 딸은 엄마와 언니들에게 민첩하고 야무지게 행동하도록 교육받은 탓인지 부하직원이나 스태프로도 능력을 인정받으며 결단력과 행동력까지 갖추고 있어 중요한 순간이나 필요한 때엔 리더십도 발휘한다. 그러니 조직 구성원으로는 더할 나위가 없다.

'응석받이'가 될 수 있다

반면 셋째 딸은 외로움을 잘 타서 '응석받이'가 될 수도 있다. 어릴 때부터 엄마 대신 장녀나 차녀의 보살핌을 받아왔기 때문에 언니가 보호자의 역할을 해주고 있다. 어떤 문제나 고민이 있을 때는 반드시 언니에게로 되돌아간다. 만에 하나 언니와 대립하거나 소원해지면 의지할 곳을 잃고 어쩔 줄 모른다.

엄마의 눈에 셋째 딸은 언제까지나 어린아이다. 뭔가를 의논할 일이 생기면 당연히 먼저 장녀에게 이야기할 것이다.

셋째 딸은 인간관계에 능수능란하고 커뮤니케이션 능력도 탁월하다. 자신의 의견이나 주장을 분명하게 말하며, 어렵지 않게 주변 사람들을 자기편으로 만든다. 하지만 응석받이가 될 수도 있음을 기억하자.

소문 내기를 좋아함

의미 : 그 자리에 없는 사람에 대해 시시콜콜 이야기하는 것을 즐기는 것
유의어 : 가십을 좋아함 / 소식통
사용방법 : 그녀는 남의 말 하는 것을 좋아해서 입이 가볍다

친구나 동료 중에 꼭 한두 명 정도는 남의 말을 하는 것을 좋아하는 사람이 있다. 호기심이 왕성하고 정보 수집능력도 탁월해서 모든 소문을 꿰뚫고 있다. 이런 사람 중에는 스스로에게 자신감이 없는 사람이 많은데, 자신감을 유지하기 위해 신경이 쓰이거나 적대관계에 있는 사람에  대해 시시콜콜한 부분까지 조사한 다음 사실과 허구를 섞어 사람들이 모인 자리에서 화제로 제공하는 것이다.

집단에 속한 구성원이 아닌 사람의 험담을 하고 그것을 공유함으로써 구성원 간의 유대를 강화시켜 동지의식을 확인하려고 한다. 때로는 그 자리에 없는 다른 구성원의 뒷담화를 하기도 한다. 소문을 제공한 사람은 그것을 제공함으로써 자신의 가치가 올라갔다고 생각하며, 소문을 제공받은 쪽은 모두와 같은 비밀을 공유함으로써 동지의식을 갖게 된다. 악의적인 소문을 흘리는 사람을 주의해야 한다.

다른 사람에게 피해를 주지 않는 소문은 구성원 간의 친분을 쌓아주는 기능을 하지만 악의적인 소문을 즐기는 사람은 주의해야 한다. 거리를 두고 형식적인 관계 정도만 유지하도록 하자.

소셜 네트워크 서비스(SNS)

의미 : 사회적 네트워크를 구축할 수 있는 웹서비스
관련어 : 페이스북 / 유튜브 / 트위터 / 인스타그램
사용방법 : 그녀는 SNS 팔로워 수가 많은 것을 자랑한다

SNS는 'Social Network Service(소셜 네트워크 서비스)'의 약자로 사람과 사람 사이의 사회적인 교류를 제공하는 회원제 온라인 서비스의 총칭이다. 누구나 친구, 출신학교 등의 다양한 연결고리를 통해 새로운 인간관계를 구축할 수 있다. 페이스북, 유튜브, 트위터, 인스타그램 등이 대표적이다.

SNS의 보급으로 다른 사람과의 소통이 쉬워지고, 옛 친구와 다시 연락을 하게 되거나, 취미를 공유한 새로운 인맥을 만드는 사람도 많다. SNS는 빈번하게 연락을 주고받을 수 있으므로 상대방과의 거리감을 없애주고 늘 함께 있는 듯한 느낌을 준다. 또한 사람들은 누구나 자신을 이해해주고 긍정해주는 사람과 친해지고 싶은 욕구가 있다. SNS는 같은 취향이나 흥미를 가진 사람끼리 친구가 되도록 만들어주기 때문에 편안함을 느끼게 해준다. 때문에 언제 어디서든 스마트폰을 늘 손에 쥐고 있는 SNS 중독자도 많다.

SNS는 인정받고 싶은 사람의 편리한 수단

우리는 본능적으로 주위 사람들에게 인정받고 싶어 한다. SNS는 상대방의 반응이나 평가를 곧바로 알 수 있으며, 좋아요 개수를 통해 그러한 욕구를 충족시킬 수 있다. 기분 좋은 댓글이 달리거나, 리트윗이 많으면 더욱 기분이 좋아진다. 하나의 욕구가 충족되면 다른 욕구를 채우기 위해 또다시 업로드를 한다.

좋아요의 수를 늘리기 위해 자신을 멋지게 연출하는 소재를 찾거나, 핫플레이스에 가거나, 인싸(사람들과 잘 어울리는 사람을 칭하는 말)인 자신을 자랑한

141

다. 남자친구와 찍은 사진 아래에 자신이 만든 요리를 맛있게 먹었다며 행복한 상태임을 강조한다. 셀카(셀프 카메라의 줄임말)를 수시로 업로드하는 것도 '나 귀엽지!' '그렇다고 인정해줘!'라는 욕구의 표현이다. 자신의 존재를 부각시키고 싶은 욕구가 강한 사람에게 SNS는 필수적인 플랫폼인 것이다.

사진을 업로드하는 사람은 이런 식으로 만족을 느끼지만 그것을 보는 쪽은 '저 사람에 비해 난 보잘 것 없어'라며 자신을 비하하거나, '자랑이 너무 심해 거부감이 든다'고 느끼는 일도 자주 있다. 또한 모르는 사람이라면 무시할 수 있는 댓글이라도 친구인 경우에는 신경이 쓰인다. 하지만 거기에 적힌 댓글은 본심과는 다른 상대방에 대한 배려 혹은 인사치례 같은, 그저 그 상황을 대충 얼버무려 넘기려는 의도가 역력한 글이다.

많은 사람들과 교류하는 것은 즐거운 일이지만 한편으로는 스트레스의 원인이 되기도 한다. 자신도 모르는 사이 피로의 소용돌이에 빠지게 될 수도 있으므로 주의해야 한다.

인싸 사진은 멋지다는 생각보다 자랑으로 받아들여질 때가 많으므로 주의한다. SNS가 스트레스가 되지 않도록 적절한 거리를 의식하며 교류하자.

속박

의미 : 상대방을 구속해 자유를 빼앗는 것
유의어 : 지배 / 정복 / 족쇄 / 감시
장면 : 상대방이 자신의 옆에 계속 붙어있으려고 할 때

누군가를 구속하는 여성은 상대방의 교우관계를 제한하고, 상대방이 답장을 할 때까지 여러 번 전화를 걸거나 메신저를 통해 계속해서 메시지를 보내는 등의 행동을 한다. 그중에는 상대방의 일정을 빠짐없이 파악하려하고, 자기 이외의 친구와 만나면 싫어하는 사람도 있다.

자립심을 키우지 않으면 상대방에게 의존하게 된다. 또한 자신감이 없으면 상대방을 믿지 못한다. 이런 의존성이나 자신감 결여가 질투심으로 나타난다. 상대방을 24시간 감시하고, 함께 있어도 불안감은 결코 사라지지 않는다. 때에 따라서는 상대방이 자신을 소홀히 하면 배신당했다는 생각에 충격을 받을 수도 있다. 과도한 구속은 상대방을 잃게 한다.

누군가를 24시간 구속할 수는 없다. 구속하는 사람은 상대방을 신뢰할 수 없는 자신부터 직시해야 한다.

여자의 인간관계와 감정을 이해하는 핵심 키워드

손바닥 뒤집기

의미 : 이전까지의 태도를 갑자기 바꾸는 것
유의어 : 돌변 / 애증 / 표리부동
장면 : 동성과 이성 앞에서 180도로 다른 태도를 보일 때

동성 앞에서는 시원시원하게 행동하면서 이성 앞에서는 갑자기 콧소리를 낸다. 앞에서는 친한 척하다가 그 친구가 자리를 비우면 갑자기 비난하기 시작한다. 이렇게 손바닥 뒤집듯 태도가 돌변하는 사람이 주변에 한두 명은 있을 것이다.

손바닥 뒤집기를 하는 사람 대부분은 스스로에게 자신이 없다. '나'의 있는 그대로의 모습에 자신이 없기 때문에 상대방을 대할 때 본래의 자신과 다른 모습을 연기하고, 상대방에 대한 의존도도 높다. 이런 자기부정감으로 인해 친구와 갈등이 생겨도 해결하지 못한 채 쌓였던 불만을 뒷담화로 발산하기도 한다.

뒷담화를 화제로 삼는 것은 뒷담화 이외의 화제로 대화를 이어갈 능력이 부족하기 때문이다. 하지만 이런 행동을 반복하면 오히려 주변 사람들에게 반감을 사게 될 것이다.

손바닥을 뒤집는 태도가 지금 당장은 유리하게 작용할지도 모르겠지만 멀리 내다보면 스스로를 고립시키는 원인이 될 수 있다.

쇼핑

의미 : 물건을 사는 행위
유의어 : 쇼핑 / 구입
사용방법 : 내일은 쇼핑을 하며 기분 전환 해야지

　여성 중에는 "쇼핑이 취미"라고 말하는 사람이 많다. 갖고 싶은 물건이 있을 때 남성은 비교검토를 통해 마음에 드는 것을 선택한다. 기능과 효능을 중시하는 단순한 쇼핑이다.

　반면 여성은 무언가가 갖고 싶다는 생각이 드는 순간부터 자신에게 잘 어울릴지를 상상하고, 매장 직원과 이야기를 나누고, 구매한 물건을 SNS에 업로드하는 등 쇼핑에 동반되는 복잡한 과정을 즐긴다. 매장 이곳저곳을 둘러보고, 점원과 대화를 나누면서 자신에게 느낌이 오는 물건을 탐색하는 것이다.

　여성은 때로 물건을 사는 행위 그 자체에서 즐거움을 발견한다. 따라서 가게의 분위기나 점원의 태도가 나쁘면 쇼핑의 즐거움이 반감되어 원하는 물건이 그곳에 있더라도 사지 않고 돌아서버리기도 한다.

　여성이 스트레스를 해소하는 가장 손쉬운 방법이 쇼핑이다. 그러나 쇼핑을 하는 순간의 쾌감에 자꾸 의지하면 쇼핑 의존증에 빠질 수 있으므로 주의해야 한다.

여자의 인간관계와 감정을 이해하는 핵심 키워드

수다쟁이

의미 : 끝없는 이야기 / 입이 가벼움
유의어 : 잡담 / 쓸데없는 이야기 / 소문
장소 : 학교 / 카페 / 패밀리 레스토랑 / 모임

여성들은 수다가 시작되면 화제가 끊이지 않고 몇 시간이나 이어진다. 여성에게 수다는 사회생활을 하면서 다른 사람을 이해하고 자신을 지키기 위한 커뮤니케이션 수단의 하나라고 할 수 있다.

여성의 뇌에는 언어를 이해하는 신경세포가 남성에 비해 많고, 우뇌와 좌뇌를 풀가동시켜 다양한 정보를 자유롭게 조합하는 능력이 뛰어나다. 즉 여성은 남성보다 언어능력이 우수해서 이야기를 하면서 동시에 사고할 수 있으므로 그다음 말들이 곧바로 튀어나온다. 이 때문에 오래도록 대화를 지속할 수 있는 것이다.

다른 사람의 비밀을 누설하거나, 자신의 이야기만 하는 수다는 문제지만 수다를 떠는 행위 자체는 불안과 스트레스 해소에 도움이 된다. 즉 수다를 떠는 시간은 마음의 균형을 되찾는 시간이기도 하다.

다른 사람의 비밀이나 사생활을 떠벌리거나 자신의 이야기만 하는 사람과의 수다는 주의하고, 스트레스를 해소하는 정도에서 마무리하자.

슈퍼우먼

의미 : '모든 일을 완벽하게 해내는 슈퍼우먼 같은 여성'을 가리킨다
유의어 : 수완이 좋다 / 능력·기술이 뛰어나다 / 프로페셔널
장면 : 외국계 기업 등에서 일하며 활약하는 여성

ㄱ ㄴ ㄷ ㄹ ㅁ ㅂ ㅅ ㅇ ㅈ ㅊ ㅋ ㅍ ㅎ

슈퍼우먼은 자신의 일과 경력을 중시하며 활동적으로 일하는 여성을 가리킨다. 수입도 높고 취미도 다양하지만 일에 치여서 개인적으로 즐기는 시간은 거의 없는 경우도 있다. 자존감이 높고, 자신감도 넘친다. 최고 임원이 되거나, 독립해 기업을 차리는 등 행동력도 있다.

어느 정도 연령이 지나면 친구와 만나도 생활수준의 차이로 인한 괴리가 커서 이야기가 서로 통하지 않기도 한다. 그렇기에 일하는 여성은 대개 자신과 비슷한 처지의 사람들과 교류를 많이 한다. 또한 인맥을 넓히기 위해서 사교모임 등에 참가해 비즈니스에 관련된 인간관계를 넓혀가기도 한다.

활동적으로 일하는 여성은 자존감이 높고, 행동력도 있다. 자신처럼 열심히 일하는 사람들과 주로 교류한다.

여자의 인간관계와 감정을 이해하는 핵심 키워드

스트레스 발산

의미 : 스트레스가 쌓였을 때 그것을 해소하는 하나의 대처방법
유의어 : 스트레스 해소 / 스트레스를 쌓아두지 않는다 / 불안감 해소
장소 : 음식점 / 노래방 / 스포츠센터 / 취미 동아리

스트레스가 쌓였을 때 그것을 발산하는 방식에서 남녀의 차이가 분명하게 드러난다. 남성은 운동과 음주로 스트레스를 해소하는 경향이 있는 반면, 여성은 주로 친구와 수다를 떨거나 식사를 하며 해소한다. 식사를 할 때는 친구와 재잘거리며 먹는 편을 좋아한다는 점에서 여성은 전반적으로 사람들과의 커뮤니케이션을 통해 스트레스를 해소하는 경향이 있음을 알 수 있다.

남성은 스트레스를 해소하기보다 참는 쪽을 선택하는 비율이 여성보다 높다고 한다. 다시 말해 여성은 남성에 비해 스트레스를 해소하는 능력이 탁월하다고 할 수 있다. 스트레스가 높아지면 중병에 걸릴 위험도 높아지므로 자신에게 맞는 스트레스 해소 방법을 찾는 것이 중요하다.

다른 사람과의 커뮤니케이션을 통해 스트레스를 발산하는 것이 여성의 특징이다. 이런 특징을 잘 활용하면 각종 질환도 예방할 수 있다.

시기

의미 : 칭찬받는 사람을 공격하고 싶은 마음
유의어 : 시샘 / 부러워함 / 질투 / 모난 돌이 정 맞는다
사용방법 : "시기해서 괴롭힌다"

시기는 질투와 선망이 뒤섞인 심리상태를 말한다. 타인의 성공이나 눈부신 성과를 접하고는 자신과 그 사람을 비교해보지만 자신에게는 그럴 만한 능력이 없다(또는 불가능한 일)는 사실을 깨닫는다. 그 결과 일방적인 시기심에 휩싸여 비아냥거리거나, 터무니없는 소문을 퍼트리는 등 공격적인 행동을 하기도 한다.

이런 마음이 생겼을 때는 정말 자신도 그 사람처럼 되고 싶은지 자문자답해보는 것이 좋다. 그 사람이 이룬 눈부신 성공 뒤에는 피눈물 나는 노력이 숨어 있다.

수려한 용모, 빠른 출세 등 탁월한 능력을 가진 사람은 시기의 대상이 되기 쉽다. 그러니 평소 겸허한 태도를 잊지 말고, 상대방의 도발에 휘말리지 않도록 스스로를 지키는 노력이 중요하다.

상대방과 자신을 비교해 생기는 열등감이 시기심의 원인이다. 자신의 진심을 들여다보고 정말 상대방처럼 되고 싶은지를 재확인한다. 표적이 되기 쉬운 사람은 자신을 지키는 사교술을 익히도록 한다.

149

여자의 인간관계와 감정을 이해하는 핵심 키워드

시누이

의미 : 남편의 여자 형제
유의어 : 큰 시누이 / 작은 시누이
장소 : 남편의 본가 / 제사

시누이와의 관계는 고부관계 이상으로 악화될 가능성이 크다. 며느리와 시누이는 나이 차이가 크지 않아 라이벌 의식이나 적대감을 갖기 쉽다. 또한 모든 시누이가 그런 건 아니지만 '어릴 때부터 함께 자란 오빠나 동생에 관한 일은 자신이 가장 잘 안다'는 자부심이 있을 수 있다.

오빠나 동생에 대한 애정이나 집착(브라더 콤플렉스)이 강할수록 며느리에 대한 거부반응도 격렬하다. 특히 남편의 본가에서 함께 생활할 경우, 시누이가 멋대로 찾아와서 부부생활을 간섭하기 때문에 그대로 방치하면 두 사람의 생활에 혼란을 일으킬 수 있다. 어떤 식으로든 시누이에 대한 대책을 세워야 한다.

게다가 시누이가 미혼으로 본가에서 시부모와 함께 사는 경우에는 시어머니, 시누이, 며느리라는 삼각관계가 형성되기 때문에 시댁을 찾았을 때 가사분담 등과 관련해 갈등을 빚기도 한다.

시누이에게 먼저 상담을 요청한다

가장 좋은 방법은 시누이를 내 편으로 만드는 것이다. 처음에는 "남편의 성격이나 취향 좀 알려줘요" "시어머니와 어떻게 하면 잘 지낼 수 있을까요?"라며 상담을 한다. 상담을 요청받는 쪽이 우위이므로 시누이도 기분 나빠하지 않을 것이다. 대화의 주도권을 넘김으로써 상대방은 이야

시어머니　　　　시누이　　　　며느리

기를 하기 쉬워지고, 자신은 듣는 역할에 충실함으로써 시누이의 생각과 성격, 고민 등도 엿볼 수 있다. 시누이가 남편의 어린 시절의 에피소드나 남편이 어릴 때 좋아했던 것 등 여러 정보를 알려줄 수도 있다.

다음으로 자신과 시누이의 공통점을 찾아본다. 세대 차가 없으므로 취미나 취향이 비슷할 가능성이 높다. 좋아하는 TV드라마나 노래, 가수, 배우 등 공통점을 발견하면 그것을 시작으로 대화를 넓혀갈 수 있다.

며느리와 시누이는 대개 나이 차가 거의 없어 라이벌 의식이나 적대심을 갖기 쉽다. 공통점을 찾아내어 시누이를 내 편으로 만드는 것이 가장 좋은 방법이다.

시어머니

의미 : 배우자(남편)의 엄마
유의어 : 시모 / 남편의 친모
사용방법 : "시아버지는 좋은데 시어머니가 좀 그래"

시어머니와의 관계 때문에 힘들어하는 여성이 많다. 예전에는 집안의 관습이나 가풍, 지역의 풍속, 관혼상제의 방식, 가족 내의 상하관계 등을 따르도록 며느리에게 압박을 주는 시어머니가 많았다. 하지만 최근의 고부문제는 가치관의 차이에서 비롯되는 경우가 많다.

출생지역이나 연령, 경험, 육아방식 등이 다르기 때문에 가치관에 차이가 생긴다. 한쪽(시어머니)이 다른 한쪽(며느리)에게 자신의 가치관을 강요하는 데서 갈등이 시작된다. 시어머니는 자신의 가치관에 따르지 않는 며느리를 '버릇없는 며느리'라고 판단하고, 며느리는 가치관을 강요하는 시어머니를 '고리타분한 시어머니'라고 느낀다.

서로 오랜 시간을 봐야 하므로 며느리로서는 시어머니와 원만하게 지내는 것이 좋다. 그렇게 하려면 시어머니의 말과 행동에 일희일비하지 않아야 한다. 상대방 또한 순간적인 감정에서 이야기할 때가 많으므로 하나하나 마음에 담아두면 견디기가 힘들어진다. '시어머니는 시어머니, 나는 나'라고 확실히 분리해서 상대방의 감정에 말려들지 않도록 해야 한다.

시어머니에게 뭔가를 부탁하는 것도 하나의 방법이다. 미국의 심리학자 존 젝커(John Jecker)와 데이비드 랜디(David Landy)는 '다른 사람을 도와주면 도움을 준 상대에게 호감을 느낀다'는 사실을 실험을 통해 증명했다. 감정이 좋지 않은 시어머니에게 부탁을 하는 것에 반감을 느낄 수도 있지만

152

'아이(시어머니에게는 손자)를 돌봐달라'는 부탁을 하면 관계성에 변화가 생길 수도 있다. 또한 남편이나 시아버지에게 약간의 도움을 요청하는 것은 괜찮지만 그들을 고부문제에 깊이 끌어들이면 관계가 더욱 악화될 수 있음을 기억해야 한다.

시어머니의 입장에서 본 요즈음 며느리

한편 시어머니도 며느리에게 불만을 느낀다. 이를테면 가사를 도와주거나 손자를 돌봐주어도 감사의 인사를 한마디도 하지 않는다는 불만과, 며느리가 '손자를 만나고 싶다면 이것을 해달라'는 등의 요구를 하는 경우도 있기 때문이다. 또한 '며느리, 시어머니'라는 위치(고정관념)의 관계성 때문에 힘든 면도 있다.

며느리가 시어머니에게 느끼는 불만도 있지만, 시어머니도 며느리에게 불만이 있다. 고부문제가 발생했을 때 며느리 입장에서 남편이나 시아버지에게 약간의 도움을 받는 것은 좋지만, 때로는 시어머니에게 직접 솔직하게 자신의 감정을 전하는 편이 좋을 때도 있다.

시원시원하다

의미 : 무언가에 얽매이지 않고 깔끔한 모양
유의어 : 쿨하다 / 겉과 속이 같다
장면 : 상대방의 성격을 표현할 때

논리적이고 시원시원한 성격의 여성은 연락할 때 담백하고, 사소한 부분에는 신경을 쓰지 않으며, 사교적이고, 연애에 깊이 빠지지 않는 등의 특징이 있어 남녀를 불문하고 '대하기가 편하다'는 평가를 받는다.

그래서 주위 사람들에게 호감을 주기 위해 일부러 시원시원한 척 연기하는 여성도 늘어나고 있다. "난 정말 쿨하다니까"라며 스스로 강조한다면 '자칭' 쿨한 여성이다. 특히 억지로 남자 말투를 쓰거나 동성을 얕보는 듯한 언행을 보인다면 이는 틀림없이 연기다.

정말 쿨한 여성은 자신이 시원시원하다고 생각하지 않는 경우가 많다. 또한 거친 것과 무뚝뚝한 것은 다르다. 그저 상대방에게 아부를 하거나 굽실거리지 않을 뿐으로 거만한 태도와는 차이가 있다.

담담히 자신의 길을 걷는 시원시원한 여성은 사람을 편하게 대하기 때문에 인기가 있다. 하지만 자칭 쿨하다고 주장하는 사람은 주의해야 한다.

나는 성격이 시원시원해서 남자들과 이야기하는 게 더 편해

심술

의미 : 일부러 곤란하게 만들거나 괴롭히는 행위
유의어 : 짓궂음 / 구박 / 괴롭힘
사용방법 : 괴롭힘을 당해서 외톨이가 되었다

일부러 다른 사람이 싫어하는 행동을 해서 타인을 곤란하게 만들거나, 괴롭히는 행위를 심술이라고 한다. 뒷담화, 폭언, 구박, 따돌림 등을 상대방에게 계속 반복하며 자신이 우위에 서려고 한다.

심술궂은 사람은 타인에게 열등감이 강하고, 자신감이 부족하다. 주위의 약자나 마음에 들지 않는 사람을 괴롭힘으로써 자신이 갖고 있는 콤플렉스를 감추고 스트레스를 낮춰 감정의 균형을 유지하려는 것이다.

심술을 부리는 사람 중에는 자신이 열등감에 휩싸여 있다는 사실이나 상대방을 괴롭히고 있다는 것을 인지하지 못하는 사람도 있다. 이런 사람들은 다른 사람의 험담을 계속하다가 반대로 주위 사람들에게 반격을 받기도 한다.

남을 험담하고, 중상모략을 반복하고, 면박을 주는 등의 행위는 상대방의 가치를 끌어내리기 위한 것이다. 자기보다 뛰어나다고 느끼는 사람에 대해 험담이라는 수법으로 공격해 상대방이 싫어하는 모습을 보면서 쾌감을 느끼고, 자신이 그 사람보다 뛰어나다는 우월감에 젖는 것이다. 딱히 이유도 없이 뭔가 마음에 들지 않거나, 약간 거슬린다는 이유로 험담을 하거나 따돌리기도 한다.

또한 자신이 하고 싶어도 할 수 없을 일을 해내거나, 쟁취하는 사람을 보면 질투심으로 그 사람의 험담을 하며 자신의 분노를 가라앉히려고 하는 사례도 많다.

갑질은 열등감의 반증

괴롭히는 사람은 약자를 괴롭힘으로써 자신의 욕구불만이나 스트레스를 해소한다. 예를 들어 만약 갑질하는 사람이 상사나 부모님 등 윗사람으로부터 스트레스를 받고 있다면, 그 스트레스를 벗어나기 위해 자신보다 나이가 어리거나 지위가 낮은 사람에게 감정을 쏟아버림으로써 자신의 우위성을 확인하는 것이다. 직장 상사가 성과에 대한 압박으로 부하직원을 괴롭혀 자신의 지위를 유지하려는 것도 이에 해당한다.

이는 어른뿐 아니라 어린아이도 마찬가지다. 아이는 어떠한 집단 안에서 친구나 형제에게 괴롭힘을 당하면, 그에 따른 열등감을 자신보다 약한 친구나 형제를 괴롭힘으로써 감추려고 한다. 무시나 험담으로 왕따를 시키는 것도, 여자아이들이 비밀을 좋아하는 것도 어른의 세계와 동일하다.

괴롭힘은 다른 사람에게 의도적으로 상처를 주려고 하는 공격적인 행위다. 인간은 타인에 대한 공격성을 가지고 있지만 그러한 공격성을 억누르는 성질도 함께 가지고 있다. 다른 사람의 험담을 입에 달고 사는 사람은 머지않아 주위 사람들이 거리를 두며 떠나갈 것이다.

싱글맘

의미 : 혼자 육아를 맡고 있는 여성
유의어 : 미혼모 / 편모
사용방법 : 싱글맘으로 살아가기로 결심했다

여성이 혼자 아이를 키우겠다고 결심하기란 쉽지 않은 일이다. 특히 부모나 주위 사람들의 도움을 받을 수 없는 경우라면 일을 하면서 육아까지 도맡아야 한다. 남편과 사별했거나 이혼한 사람, 미혼인 상태에서 싱글맘을 선택한 사람 등 각자의 환경에서 아이를 키우는 데 많은 고민 거리가 생길 것이다. 그중 하나가 자신이 싱글맘이라는 사실을 아이의 친구 엄마(들)에게 알리는 타이밍이다.

친분이 깊지 않은 관계라면 일부러 말할 필요가 없을 수도 있겠지만, 솔직히 말하고 좋은 관계를 형성하면 만약의 상황에서 도움을 받을 수 있다. 뒷말하기 좋아하는 사람들이 '싱글맘'이라는 사실만으로 편견을 가질 수도 있지만 신경 쓰지 않으면 된다. 무엇보다 아이를 최우선으로 생각하고 아이를 위해 최선을 다하면 된다.

혼자서 아이를 키우겠다는 결심은 대단한 용기다. 사람마다 각자의 사정이 있기 마련이다. 자신이 처한 상황 속에서 상대방과 좋은 관계를 만들어갈 수 있도록 해야 한다.

여자의 인간관계와 감정을 이해하는 핵심 키워드

아는 사람

의미 : 서로 상대방을 알고 있는 것
유의어 : 지인 / 안면이 있는 사람 / 관계자 / 단순한 친구
사용방법 : "저 사람은 친구가 아니라 그냥 아는 사람이야"

'아는 사람'이란 말 그대로 이야기를 나눈 정도의 친분은 있지만 연인이나 친구라고 할 만큼 친한 관계가 아닌 경우에 사용하는 단어다. 하지만 이런 존재가 주위에 얼마나 있는지가 연인이나 친구와의 교제범위에 큰 영향을 준다. 그런 의미에서 아는 사람 역시 중요한 존재라고 할 수 있다.

아무리 친한 사이라고 해도 처음부터 연인이나 친구로 시작했던 것은 아니다. 아는 사람이라는 단계에서 시작해 인사를 나누고 조금씩 속마음을 털어놓으며 친해지는 과정을 거치는 것이다. 그런 관계로 발전하지 않더라도 아는 사람을 통해서 연인이나 친구를 사귀게 될 가능성도 있다. 인기가 없다거나, 친구가 적다고 고민하는 사람은 아는 사람의 존재를 소홀히 하는 데 그 원인이 있을 수도 있다.

어떤 인간관계든 처음에는 '아는 사람' 단계부터 시작된다. 인기를 얻고 싶거나, 연인을 만들고 싶은 사람은 먼저 아는 사람을 많이 만들어야 한다.

아양

의미 : 상사나 이성의 마음을 사기 위한 아첨
유의어 : 간살 / 아부 / 추파 / 교태
사용방법 : "저 여자, 또 부장님에게 아양 떨고 있어"

아양은 대개 출세를 목적으로 한 아부이거나 이성적 매력을 어필하기 위한 행동이다. 이들은 이성을 대할 때 목소리 톤이 올라가고, 자주 간식을 주거나 과도한 리액션을 한다. 또한 이성과의 신체적 접촉이 많고 자신의 음식을 덜어주는 등의 과잉친절을 베풀면서 상대 이성의 의견에 무조건 찬성하는 행동을 반복하기 때문에 동성에게 반감을 사기 마련이다.

흑심을 갖고 하는 경우도 있지만 자신감이 부족한 탓에 상대방에게 미움받는 것이 두려워 무의식중에 나오는 경우도 있다. 아양을 부린다는 느낌을 주지 않으려면 다른 사람에게 사랑받으려고 애쓰지 말고, 먼저 스스로를 사랑해야 한다.

아양은 의도적으로 그렇게 행동하는 경우와 무의식적으로 행동하는 경우로 나눌 수 있지만, 두 경우 모두 사람들의 눈총을 받기 쉽다. 자신을 사랑하게 되면 누구에게도 아양을 부릴 필요가 없어진다.

159

아이돌 팬덤

의미 : 연예인이나 유명인 등에 열광하는 팬이 그들이 움직이는 대로 따라다니는 것
유의어 : 애호가 / 팬 / 서포터 / 마니아
사용방법 : 엄마는 아이돌 팬덤이다

팬덤은 자신이 추종하는 아이돌이나 유명인 등의 스케줄에 맞추어 그들이 나타나는 장소라면 어디든지 따라가는 행위를 가리킨다. 대기실 입구에서 들어가고 나오는 모습을 보기 위해 기다리거나, 같은 호텔에 숙박하고, 그들의 단골 가게에 드나드는 사람도 있다.

팬덤은 인기 가수들을 따라다니며 열광했던 여성팬들을 '오빠부대'라고 불렀던 데서 시작된다. 그들의 공연을 모두 따라다니고, 집 앞에서 기다리는 등 열광적인 모습을 보여주었다고 한다.

모든 애정과 관심은 자신의 우상을 향한다

자신의 시간과 체력, 막대한 비용을 쓰면서 전국 어디든, 때로는 해외까지 따라간다. 업무 이외의 시간은 동경하는 대상의 정보를 확인하거나 공연, 이벤트를 따라 전국을 도는 데 사용한다. 좋아하는 마음을 모두 자신의 스타에게 쏟기 때문에 실제로 연애를 하는 경우는 적다.

동경하는 대상을 대하는 마음은 유사연애와 비슷하다. 실제 연애는 이별이 있고 배신도 있지만 아이돌이나 유명인은 한결같다. 멋진 무대 위의 그(그녀)와 마주하는 시간은 무엇과도 바꿀 수 없다. 무대 위의 그(그녀)가 내 목소리에 반응해줄 때의 행복감으로 열광한다. 자신의 마음을 받아주기 바라는 욕구가 채워진 순간이자 팬덤 활동을 지속할 수 있는 기폭제가 된다. 동경의 대상이 스포츠 선수라면 그 선수가 좋은 성적을 낼수록 더욱 깊이 빠져들어 열렬히 응원하게 된다.

공감을 공유하며 친구가 된다

함께 팬덤 활동을 하는 사람들은 라이브 무대나 SNS 등을 통해 알게 되어 집단화되는 사례가 대부분이다. 공통의 흥미나 체험을 통해 공감이 생겨난 집단은 기분 좋고 즐거운 장이 되어야겠지만 그렇지 않은 경우도 있다. 팬클럽에 따라서는 오래된 골수팬이 주도하는 서열이 존재하기도 하고, 팬클럽 사이에서 질투나 견제 등이 생겨나기도 하기 때문이다. 질투나 견제는 팬클럽끼리는 물론 집단 내부의 개인 사이에서 발생하기도 해서 공감의 장이 다툼의 장으로 변질되기도 한다.

팬덤 활동을 하는 사람들의 공통점은 동경하는 대상에 대한 '애정'이다. 그 마음은 모든 팬이 동일해야 한다. 누군가 한 사람이 돌출되었을 때 팬덤 집단의 유대감은 단숨에 퇴색되고 만다.

좋아하는 무언가에 열중하는 것이 나쁘다고는 할 수 없다. 다만 너무 깊이 빠져들면 일상에 지장을 주거나 의존증이 될 수 있으므로 주의해야 한다.

여자의 인간관계와 감정을 이해하는 핵심 키워드

아이를 맡기다·맡아주다

의미 : 일시적으로 아이를 다른 사람에게 맡기는 것 / 친척 아이를 돌보는 것
유의어 : 베이비시터 / 탁아
장면 : 용건 등으로 아이를 두고 외출해야 할 때

아이를 다른 사람에게 맡기면 부모 입장에서 기분 전환도 되고, 아이들도 새롭고 즐거운 경험이 될 것이다. 하지만 부상·질병 등의 가능성도 있으므로 아이를 맡아주는 사람과의 신뢰관계가 전제되어야 한다.

갈등을 피하려면 알레르기 등 음식물에 관련된 주의사항, 게임과 TV의 시간제한, 돌봐주어야 하는 시간, 이 3가지 사항은 반드시 확인해야한다. 또한 아이를 맡은 사람은 문자 메시지 등으로 경과를 보고하고, 아이를 통해 알게 된 개인정보를 유출하지 않도록 주의해야 한다.

맡아주는 쪽의 부담이 커지면 아이를 맡긴 사람과의 관계에 균열이 생기므로 스트레스가 되지 않도록 주의해야 한다. 한쪽만 일방적으로 아이를 맡아주면 불만이 쌓일 수도 있고, 내키지 않지만 거절하지 못해 아이를 맡아주는 일도 있다. 상대방의 친절에 의존하지 말고 갈등이 발생하기 전에 미리 대비해야 한다.

서로 신뢰관계가 없으면 아이를 맡기거나 맡아주는 행동을 할 수 없다. 안전 부담을 덜어주는 차원에서 필요한 정보는 사전에 이야기해두자.

아이의 친구 엄마

의미 : 같은 연령대의 자녀를 통해 형성된 엄마들의 관계
유의어 : 엄마 모임
장소 : 공원 / 어린이집 / 유치원 / 초등학교 / 학원 / 사택

'아이의 친구 엄마'란 자녀를 양육하는 과정에서 맺게 된 인간관계로, 자녀가 다니는 어린이집·유치원·학원 등 자녀의 성장과 더불어 바뀌는 환경에 따라 새로운 '아이의 친구 엄마'가 생겨난다.

출산과 육아에 관련된 고충을 나누고, 유치원에 관한 정보를 교환하고, 소아과 정보를 얻는 등 엄마에게는 유익한 관계이지만 아이의 친구 엄마 사이에서 계급이나 무리 나누기, 리더 엄마의 지배, 따돌림 등 특수한 문제가 발생하는 장이기도 하다.

최근에는 아이의 친구 엄마 사이에서 알력이나 갈등이 부각되면서 마음을 다치는 엄마들이 많아지고 있다.

집단규범이 압박을 가하다

'아이의 친구 엄마 무리와 친해지기가 힘들다' '왠지 무리에서 겉도는 느낌이다'라고 느낀다면 해당 무리의 집단규범에 저항감이 들 수도 있다. 집단규범이란 아무리 느슨한 모임이라도 복수의 구성원이 있으면 자연적으로 생겨나는 규칙을 말한다.

일단 집단규범이 한번 생기고 나면 구성원을 구속해 심리적인 측면에서 압박을 가하기 시작한다. 이것을 집단압력이라고 한다.

자녀를 위한 일이라고 해도 무리는 하지 않는다

아이의 친구 엄마 집단에서 멀어지는 것이 리스크가 크다면, 처음에는 한 명이라도 마음이 맞는 사람을 찾아 인간관계를 맺는 데 힘을 기울이는

여자의 인간관계와 감정을 이해하는 핵심 키워드

것이 좋다. 마음이 맞는 사람이 한 명이라도 있다면 힘들 때나 괴로울 때 서로 위로하고 격려하며 극복할 수 있다.

또한 자녀를 위한 일이라고 해도 너무 무리하지 않아야 한다. 애초에 자녀 육아의 연장선상에서 이루어진 관계다. 자녀가 성장하면 자연히 멀어질 가능성이 크다는 사실을 기억하자.

아이의 친구 엄마라는 인간관계를 너무 심각하게 생각하지 않는 것이 좋다. 자신이 선택한 친구가 아닌, 자녀를 매개로 해 이루어진 관계다. 대부분은 초등학교, 중학교로 아이의 환경이 바뀌면 변화해가는 관계임을 기억하자.

안절부절

의미 : 마음이 초조해서 불안한 모양
유의어 : 초조하다 / 불안하다 / 조바심
사용방법 : 후배가 약속시간에 늦어서 안절부절못한다

동료에게 싫은 소리를 듣고 안절부절, 타야 할 전철이 늦어서 안절부절, 사려고 했던 물건이 매진되어 안절부절못한다. 이렇게 안절부절못하는 행동은 자신이 생각한 대로 일이 풀리지 않을것 같아서 드는 초조한 감정 때문이다. 자신의 계획대로 되어야 한다는 생각이 강한 사람일수록 이런 성향이 강해서 예민하다고 느껴질 정도로 불안해한다.

조급한 마음을 진정시키려면 즐거웠던 감정을 떠올리거나, 자신이 불안감을 느끼는 일의 원인과 그때 자신의 마음상태, 자신이 하고 싶었던 것 등을 손으로 적으며 분석하고, 되도록 초조한 마음과 거리를 두도록 노력해야 한다. 불안함에 대처할 수 있는 능력이 생기면 상대방이 싫은 소리를 하며 공격해도 침착하게 대응할 수 있게 된다.

165

여자의 인간관계와 감정을 이해하는 핵심 키워드

초조함으로 인해 생기는 불안감이 쌓이면 공격적으로 변하게 되므로 인간관계에도 악영향을 준다. 불안감에 휘둘리지 않도록 회피하는 기술을 익혀두자.

안절부절못할 때 활용하는 분노 조절법

사람의 격한 분노를 느끼는 시간은 6~10초 정도라고 한다. 그런 의미에서 분노 조절법을 추천한다. 초조함을 느끼는 일이 있다면 일단 심호흡을 하고, 그 자리에서 벗어나는 등 환경을 바꿔야 한다. 분노를 그대로 상대방에게 분출하지 않도록 일단 머리를 식히고 마음을 가라앉힌 후 이야기를 나누는 것이 좋다.

어른스러움

의미 : 외모나 태도, 말투 등이 실제보다 어른 같아 보이는 것
유의어 : 되바라지다 / 조숙하다
사용방법 : "이 옷을 입으면 어른스러워 보여"

어른스러움이란 실제 나이에 비해 외모나 태도 등이 나이 들어 보이는 것으로, 실제 연령을 잘 알고 있다는 전제하에 사용하는 말이다. "어른스럽네"라는 말은 기본적으로 칭찬일 경우가 많은데, 성숙한 얼굴이나 차분한 분위기처럼 외모나 태도가 성인 여성과 같은 매력을 풍기는 사람에게 주로 사용

한다. 또한 내적으로도 차분한 성향 등을 의미하는데, 말투가 정중하고 예의범절이 몸에 밴 태도 등을 들 수 있다.

다만 이 단어는 실제 어른에게는 사용할 수 없다. 이 말을 듣고 기뻐하는 연령대는 최대한으로 보더라도 20대 중반 정도까지다.

'아이 같은' 여성은 자기중심적이거나 감정적이라는 부정적인 이미지가 있다. 반면에 '어른스러운' 여성은 차분하고, 다른 사람에게 배려심이 있다는 등의 긍정적인 이미지가 강하다.

여자의 인간관계와 감정을 이해하는 핵심 키워드

언니

의미 : 형제 중 가장 나이가 많은 여자
유의어 : 큰 언니 / 장녀 / 큰딸
사용방법 : 언니는 늘 야무지다

언니는 동생이 태어나면서 이전까지 자신이 독차지했던 부모님의 사랑과 관심을 동생에게 빼앗겼다고 느끼게 되면 '유아퇴행현상'을 보인다. 하지만 엄마는 새로 태어난 아기를 돌보기에도 벅차서 큰 아이의 고독감을 충분히 채워주기가 힘들다.

그래서 언니는 부모님으로부터 사랑받기 위해 어쩔 수 없이 애어른이 되어 집안일을 돕거나 동생을 돌보는 등 엄마의 암묵적인 기대에 부응하는 행동을 하곤 한다. 그 결과 언니는 성실하고 말 잘 듣는 '착한 아이'가 되는 사례가 많다.

하지만 자신의 있는 그대로를 사랑받지 못한다는 데서 나타나는 자기부정, 충족되지 못한 의존 심리는 마음 한구석에 계속 남아 있다. 때문에 겉보기에는 '야무지고' '자립심이 강하게' 보이지만 의외로 마음이 여려서 쉽게 상처받기도 한다.

엄마의 과도한 간섭에 대한 반발심

언니 위로 아들이 있더라도 엄마에게는 언니가 첫 번째 동성 자녀이므로 심리적인 거리가 가깝다. 애착이 강한 만큼 육아나 교육에 열성을 쏟는 반면 과도한 간섭을 하기도 한다. 앞서 언급했듯이 언니도 늘 엄마를 관찰하며 기분을 살피고 있으므로, 엄마와 언니는 서로에 대해 '내가 뭔가를 해야 한다'는 생각이 강하게 나타난다. 이렇듯 비슷한 성향 때문에 부딪히는 사람도 많다.

이런 관계에 진저리가 나서 엄마와는 정반대의 삶을 선택하고, 엄마와 물리적인 거리를 두는 언니도 많지만 엄마를 버린 듯한 죄책감에 휩싸여서 결국 자신의 의지를 굽히고 만다. 이런 언니의 입장에서 보면 동생은 아무것도 하지 않아도 사랑을 받는 것처럼 보이기 때문에 질투의 대상이 되기도 한다.

자매의 갈등과 그 영향

여동생은 언니가 혼나고, 실패하고, 고생하는 것을 보며 자란다. 언니가 지뢰를 밟고 지나간 자리를 걸어가기 때문에 그곳을 피해서 안전하게 다닐 수 있다. 이것이 언니의 눈에는 '꾀를 부린다' '약삭빠르다'라고 비치는 것이다.

여동생은 여동생대로 "나는 매일 헌 옷만 물려주면서 언니만 새 옷을 사준다"며 속상해하고, 엄마의 기대를 양 어깨에 지고 있는 언니가 '미니 엄마'처럼 잔소리하는 것도 짜증난다. 한편 언니 입장에서는 부모님 병간호나 유산 상속 등 성가신 일들은 언니에게 떠맡겨버리는 동생의 태도에 화가 날 수밖에 없다.

이런 자매 사이의 갈등이 다른 사람에게 영향을 주어 친구나 선배, 후배 관계에까지 영향을 주기도 한다. 다른 사람을 잘 도와주고 세심하게 배려하지만 어쩐 일인지 사람들이 가까이하지 않는 사람은 자기도 모르게 남들에게 '미니엄마' 역할을 하고 있을 가능성이 있다.

Column **감사의 표현을 소중하게 여기자**

좋은 인간관계를 구축하기 위한 중요한 요소가 '감사의 표현'이다. 감사의 표현은 긍정적인 언어이므로 자신의 기분을 안정시키고, 상대방의 기분은 좋아지게 한다. "고맙습니다" "덕분입니다" "감사드립니다" "기쁩니다" 등 상대방에게 고마운 마음을 표현해보자. 대개 사람들은 긍정적인 면보다는 부정적인 면을 먼저 보는 경향이 있다. 하지만 칭찬하고 감사할 것을 찾아내어 긍정적인 마음을 쌓아가면 상대방과 좋은 관계를 구축할 수 있을 것이다. 말로 감사의 마음을 전달하는 방법도 좋지만 가끔은 감사의 편지를 적어보면 어떨까. 인터넷과 SNS가 발달한 세상이기에 손글씨가 더 특별하게 다가올 것이다. 생일카드나 연하장이라도 상관없다. 평소 감사의 마음을 담은 메시지를 보내보자.

여자의 인간관계와 감정을 이해하는 핵심 키워드

비교와 대조로부터의 해방

원래 '언니'란 무엇일까? 객관적으로 말하면 '태어난 순서가 먼저'였을 뿐이다. 그 이상도, 그 이하도 아니다. 부모와 여동생과의 상하관계나 우열은 그 이후에 덧붙여진 것들에 불과하며, 본래의 자신과는 전혀 관계가 없다. 스스로 '언니'라는 틀을 벗어던지고 자유로워지자.

언니로서의 역할 때문에 의무감이나 피해의식에 억눌려 괴롭다면, 이제 스스로에게 그만해도 좋다고 허락해주자. 언니이기 이전에 한 사람의 인간으로 자신을 인정하면 마찬가지로 부모나 여동생도 당신을 한 사람의 인간으로 동등하게 마주할 수 있을 것이다.

야무지고 헌신적인 '언니'의 성격은 후천적으로 만들어진 것이다. 자립적인 듯 보이지만 사실은 어린 여동생에 대한 라이벌 의식과 엄마의 과도한 간섭으로 괴로워하는 경우가 많다.

Column 플라세보 효과란 무엇인가?

약효성분이 들어 있지 않은 약을 먹었음에도 약을 먹었다는 믿음과 기대로 병세가 호전되는 것이 '플라세보 효과'다. 즉 마음가짐이 몸의 상태를 변화시키는 것이다. 마찬가지로 주위에서 어떤 말을 듣거나 정보를 얻는 행위 등이 심리적인 변화를 일으켜 몸에 영향을 주는 경우 또한 '플라세보 효과'라고 한다. 이와는 반대로 마음가짐에 따라 병세가 악화되거나, 상태가 부정적으로 변하는 것을 '노시보 효과'라고 한다.

엄마

의미 : 아이의 친모를 가리키는 말
유의어 : 어머니 / 모친 / 모성 / 그레이트 마더
사용방법 : 엄마는 위대한 존재

자신을 낳고 길러준 엄마는 누구에게나 특별한 존재다. 대부분의 사람에게 엄마는 보호자이므로 당연히 그 존재는 클 수밖에 없다. 엄마가 없는 사람, 엄마와 유대감이 약한 사람도 있는데 이런 사람에게도 '다른 사람이 당연하게 가진 것을 가지지 못했다'는 의미에서 마찬가지로 엄마는 특별한 존재다. 대개 엄마는 자녀들과 함께 있는 시간이 많으므로 이런 가정에서는 자연히 엄마가 자녀에게 막대한 영향을 주게 된다.

물론 누군가를 특별하게 생각하는 것 자체는 나쁘지 않다. 우정이나 애정, 존경 모두 특별한 감정 중 하나의 형태다. 하지만 그 방법이나 상대방과의 관계에 따라서 문제가 발생하기도 한다. 특히 엄마는 누구에게나 중요한 존재이므로 그만큼 엄마와의 관계에서 문제를 안고 있는 경우도 많다.

엄마에 대한 과도한 집착은 '마더 콤플렉스'라는 문제로 이어진다. 엄마에 대한 집착이 아버지와 경쟁해 엄마를 독점하려는 형태로 나타나는 경우를 '오이디푸스 콤플렉스'라고 부른다. 반대로 엄마가 자녀에게 과도하게 집착해 자녀의 성장이나 인생을 방해하는 사례도 자주 나타난다.

그레이트 마더와의 대결

심리학자 융(Jung)은 전형적인 정신세계의 활동을 무의식으로 분류했다. 자녀를 사랑으로 품어 키우는 한편으로 자녀를 구속해서 파멸에 이르게 하는 무의식의 작용을 '그레이트 마더'라고 부른다. 남녀를 불문하고 진정한 어른으로서 자립하려면 그레이트 마더와의 대결을 피할 수 없다는 것이다.

여자의 인간관계와 감정을 이해하는 핵심 키워드

어른이 되기 위해서는 자신 안에 존재하는 그레이트 마더와의 대결을 피할 수 없다. 그레이트 마더를 극복함으로써 독립된 한 명의 인간으로 자립할 수 있게 된다.

회사 쉬겠다고 제대로 말할 수 있니?

Column 융의 심리학

융은 스위스의 정신과 의사이자 심리학자다. 그는 프로이트의 첫 번째 제자로 분석심리학을 창시했다. 융은 심리구조를 의식과 무의식으로 나누고, '무의식' 속에 콤플렉스가 존재한다고 생각했다. 여기에서 말하는 콤플렉스는 복합의식을 뜻한다. 이를테면 '마더 콤플렉스'란 '엄마에게 더욱 사랑받고 싶다'고 생각하면서도 다른 한편으로는 '구속받고 싶지 않다'는 적대감을 느끼는 등 엄마에 대한 복잡한 감정이 얽혀 있다.

엄마들 모임

의미 : 가사 중간에 모여서 잡담을 나누는 일
유의어 : 다과모임 / 잡담 / 수다
장소 : 동네 / 공원 / 길가

인간의 '무리 짓는 습성'을 '엄마들 모임'에서 엿볼 수 있다. 이런 모임은 근처 공원, 길가뿐만 아니라 커피숍이나 패밀리 레스토랑, 패스트푸드점 등에서도 보인다. 이곳에서는 단순히 근처 주민끼리 만나는 모임보다는 같은 또래의 아이가 있는 엄마들 모임이 주를 이룬다.

같은 동네 주민과 즐거운 수다로 잠시 한숨을 돌리는 시간이지만, 여러 사람이 모이면 반드시 나오는 이야기가 그 자리에 없는 사람의 험담이다. 때에 따라서는 그 말이 돌고 돌아서 문제가 발생하기도 하므로 여기에 휘말리지 않도록 평소 나름의 대책을 세워야 한다. 이야기를 할 때는 상대방과 어느 정도 거리를 유지하며 사적인 부분에는 지나치게 관여하지 않도록 해야 한다. 가벼운 화제 정도의 이야기에만 참여하며, 웃는 표정을 유지하는 것이 좋다.

이런 자리에서 떠도는 소문이 화젯거리가 되는 일이 다반사다. 하지만 사람들과 원만하게 지내고 싶다면 상대방과 적당한 거리를 유지하면서 무난한 대화를 나누는 것이 비결임을 명심하자.

여자의 인간관계와 감정을 이해하는 핵심 키워드

엄마들 사이의 계급

의미 : 아이의 친구 엄마 그룹 안에서 생기는 상하관계와 서열
유의어 : 여성계급 / 학교계급
장소 : 아이의 친구 엄마 모임 / 공원 / 어린이집

아이의 친구 엄마 사이에서도 상하관계와 서열이 생겨난다. 문제는 엄마들의 모든 집단에 '리더 엄마'라는 특별한 힘을 가진 여성이 존재한다는 점이다.

리더 엄마는 어린이집·유치원의 학부모회에서도 임원을 맡을 때가 많아서 막강한 발언력과 영향력을 보유하고 있기 때문에 이 사람에게 미운털이 박히면 집단 속에서의 입지가 크게 흔들리며, 때에 따라서는 집단 내 다른 엄마들로부터 무시를 당하거나 따돌림을 당하는 일도 있다.

사람들은 인간관계를 맺고 있는 사람이나 관계를 맺으려는 사람의 호의를 얻기 위해 다양한 행동을 한다. 이를테면 상대방의 의견에 찬성하고 아군이라는 점을 부각시킨다. 이처럼 상대방의 호의를 얻기 위한 모든 행동을 심리학에서는 '환심'이라고 부른다. '환심'의 대상이 반드시 권력자라고는 단정할 수 없지만 자연스럽게 권력자가 그 대상이 되는 경우가 많다. 이런 식으로 리더 엄마에게 권력이 집중되어간다.

자녀의 초등학교 입학을 기점으로 인간관계는 재정립된다

리더 엄마는 목소리가 크고, 자신을 반대하는 사람은 용서하지 않는다. 리더 엄마를 따르는 사람이 늘어나면 집단 안에 상하관계가 생겨나고, 권력을 가진 리더 엄마에게 더욱 강력한 힘과 권한이 집중된다. 집단 내부의 지위도 리더 엄마와 친한 사람일수록 높아지고, 리더 엄마가 싫어하거나 무시하는 사람일수록 낮아진다.

마음이 맞는 사람이 생기면 아이의 친구 엄마 집단과는 적당한 거리를

유지하는 관계가 바람직하다. 자녀의 초등학교 입학을 기점으로 엄마들의 인간관계는 변화한다. 또 다른 고충은 있겠지만 초등학교 이후에는 자녀와 등하교를 함께 하는 일이 적어지므로 엄마들 사이에 농밀한 인간관계가 생기기는 힘들다.

리더 엄마와 가깝게 지내고 싶지 않다면 아이의 친구 엄마 집단과는 적당히 거리감 있는 관계를 유지하는 것이 좋다. 어차피 자녀가 초등학교에 입학하면 엄마들의 인간관계는 재정립된다.

짜~잔!

리더 엄마

`Column` **호의의 반보성**

반보성의 원리 중 하나로 '호의의 반보성'이 있다. 상대방이 뭔가를 해주면 그것에 보답하려는 심리다. 예컨대 선물을 받으면 상대방에게 그것에 대한 보답을 하려고 한다. 이것이 반보성의 원리다. 마찬가지로 호의를 보여준 상대방에게 자신도 호의를 품게 된다. 따라서 상대방에게 호감을 얻고 싶을 때는 먼저 그에게 조금씩 호의를 보여주는 방법이 효과적이다.

여동생

의미 : 형제 가운데 나이가 아래인 여자
유의어 : 여자 동생 / 누이동생
장면 : 언니에 비해 꾀가 있음을 느낄 때

'여동생'들에게 공통적으로 나타나는 모습은 철이 들 무렵부터 오빠나 언니 등 연상의 형제를 강하게 의식한다는 것이다. 위의 형제가 어떤 행동을 하면 어른들에게 칭찬을 받는지, 반대로 어떻게 하면 야단맞는지, 그 상황을 가까이에서 지켜보기 때문에 어른과의 관계에서 연상의 형제들보다 유리한 부분이 있다. 다른 사람의 성공과 실패를 자신의 거울로 삼기 때문에 자연스럽게 사교성이 좋은, 이른바 '괜찮은 아이'로 자란다.

게다가 남자아이에 비해 여자아이에게는 어릴 때부터 배려심이나 사교성이 강요될 때가 많다. 그래서 여동생에게는 이런 성격적 특징이 더욱 강하게 나타나는 경향이 있다.

언니에 대한 라이벌 의식

위의 형제가 오빠일 때와 언니일 때는 조금 다른 영향이 나타나기도 한다. 오빠가 있는 경우에는 아무래도 보호를 받는 환경에서 자라다 보니 일반적으로 어른이 된 후에도 어리광을 많이 부리는 여성이 된다. 말 그대로 '막내성격'인 것이다.

언니가 있는 경우는 위의 형제가 주는 영향이 직접적이어서 외모에 대한 관심도가 다른 사람보다 높으며, 언니에게 라이벌 의식을 가지기도 한다. 여동생은 언니가 입던 옷을 물려 입는 경우도 많고, 부모님이나 언니가 보기에는 합리적인 방법이라고 생각하는 일도 여동생은 내심 불만스럽게 여기기도 한다. 또한 부모는 두 번째 아이부터는 첫째를 키울 때보다 양육에 여유가 생기는 만큼 육아방식이 조금 느슨해지는 것도 사실이다.

여동생이 이것을 방임주의라고 받아들이고 자유로운 양육 환경을 만끽한다면 괜찮지만, 부모님의 애정을 듬뿍 받고 뭐든 새 물건을 독차지해온 위의 형제에 대한 부러움을 강하게 느끼면 점점 더 질투심과 라이벌 의식이 강해질 것이다.

여동생이 라이벌이 될 때

언니 입장에서 여동생이 귀찮은 존재로 느껴질 때는 이런 질투심이나 라이벌 의식이 큰 성과로 이어졌을 때다. 이를테면 언니가 발레를 배우고 싶다고 말하면 여동생은 자신도 같이 배우고 싶다고 말할 것이다. 여기에서 끝나지 않고 언니를 본보기로 삼기 때문에 여동생이 언니보다 더 잘할 가능성이 높으며, 같은 시기에 시작한다고 해도 어린 나이에 시작한 여동생이 더 빨리 실력이 늘게 된다.

자기주장이 강한 언니에 비해 동생은 사교적이며 주위 사람들을 세심하게 배려하는 성향을 보여 사춘기 이후 동생이 언니보다 연애를 먼저 시작할 가능성이 크다. 최근 언니보다 먼저 결혼하는 여동생이 눈에 띄게 많아진 것도 여동생이 본래 가진 성향에 현대의 세태가 반영되어 더욱 두드러진 것이다.

언니나 오빠를 의식하지 마라

어린 시절 동생이라는 이유로 불우한 시간을 보냈다고 느끼는 사람도 앞선 사례와 같이 어떤 식으로든 혜택을 받았을 것이다. 하지만 위에 형제가 있는 사람의 행동패턴을 보면 자신이 정말 하고 싶은 것을 찾지 못했을 가능성이 높다는 것을 알 수 있다. 질투심이나 라이벌 의식은 좋은 원동력이기도 하지만, 이것이 지나치게 강하면 진로나 연애상대를 선택할 때 조급하게 서두르다가 실패할 위험이 있기 때문이다.

이를 방지하려면 주위의 분위기부터 살피려고 하는 자신의 성격을 파악한 후, 자발적으로 하고 싶은 일인지 스스로에게 거듭 확인하는 습관을 가져야 한다. 그렇게 하면 눈치가 빠르고 지기 싫어하는 성격에다 여러 어려움에 당당히 맞설 수 있는 힘까지 갖추게 되므로 더 나은 인생을 선택할 수 있다. 누군가를 넘어서기 위해서가 아니라 자신을 위해 열심히 노력하는 모습을 보여주면 언니는 물론 주위 사람들도 당신을 진심으로 응원해줄 것이다.

여동생은 주위의 분위기를 재빠르게 읽어내는 한편 언니에게 느끼는 경쟁심을 원동력으로 삼는다. 지기 싫어하는 성향 때문에 일과 연애에서 성공할 가능성도 높다. 다만 위의 형제를 지나치게 의식해 선택을 하면 인생이 잘못된 방향으로 갈 수 있으므로 주의해야 한다.

Column **자신의 세계를 확보한다**

모녀나 자매 같은 가족관계에서도 자신의 세계를 확보하는 일은 중요하다. 예를 들면 결혼해서 본가를 떠났는데도 신혼집까지 찾아와서 간섭을 하는 엄마가 있다. 갑자기 불쑥 나타나서 이것저것 잔소리를 한다. 갑자기 자신의 눈앞에서 사라진 딸이 제대로 생활하고 있는지 걱정되겠지만, 과도하게 간섭하는 상태는 결코 바람직한 모녀관계라고 할 수 없다. 바람직한 모녀관계를 구축하기 위해 필요한 것은 자신의 세계를 지키는 것이다. 자신의 세계를 지키기 위해서는 엄마와 딸 사이에 경계선을 확실하게 그어야 한다. "우리 집에 오기 전에 꼭 연락하고 오세요"라고 말하거나 "이날은 시간이 나니까 같이 어디 가요"라며 약속을 따로 정하는 등의 방법으로 적절한 거리를 유지하도록 하자.

여섯 번째 감각

의미 : 합리적인 설명을 할 수 없는 예리한 감각
유의어 : 감 / 영감 / 직감 / 예감
장면 : 상대방의 변화를 감지할 때

'여섯 번째 감각'이란 오감을 넘어선 감각으로, 예리하게 사물을 꿰뚫어보거나 사람의 심리를 읽어내는 감각을 말한다. 존재를 증명할 수 없으며, 확실하게 설명할 수도 없지만 그냥 '이게 아닐까?'라는 촉이 맞았을 때 여섯 번째 감각이 작용했다고 말한다.

여성이 남성보다 육감이 발달한 까닭은 여성의 뇌가 커뮤니케이션 기능에 탁월하기 때문이다. 친구나 동료의 소지품이 바뀌었다거나 남자친구의 행동이 평소와는 다른 것 같다는 등 사소한 변화를 금세 알아채는 것은 커뮤니케이션에 신경을 쓰고 있기 때문이다. 다른 사람에게 관심을 갖고 상세한 정보를 수집하고 분석한 결과, 예민한 감각이 작동하게 된다. 그래서 자신조차 깨닫지 못한 변화를 상대방이 먼저 알아채는 것이다. 오감을 초월한 초자연적인 감각이 존재한다는 사실은 부정할 수 없다.

여섯 번째 감각이 작동하는 것은 상대방에게 신경을 쓰는 여성 특유의 성향에서 기인한다. 상대방을 유심히 관찰하고 감각을 단련하면서 정보를 수집하는 것이다.

179

여자의 인간관계와 감정을 이해하는 핵심 키워드

여성스러움

의미 : 성질이나 외모 등이 여성스럽게 여겨지는 모양
유의어 : 여성적인 / 페미닌 / 여자다움
사용방법 : 자연스러운 여성스러움을 익히다

"여성스럽게 행동해야지" "여성스럽지 못하게" 등의 말을 들으며 '여성스럽다는 게 뭐지?' 하고 의문을 느꼈던 경험이 있을 것이다. 남성과 여성의 차이는 '성(sex)'으로 나타나는 동시에 성별에 따라 사회적으로 요구되는 역할인 '젠더(gender)' 등으로 표현된다. 일반적으로 말하는 '여성스러움'이란 후자의 사고방식에 바탕을 둔 것으로, 남성 우위의 사회에서 역할을 요구받는 것이기에 나라·문화·시대에 따라서도 변화한다.

즉 단아하고 조신하며 친절하고 배려할 줄 알며, 가사와 육아에도 능한 여성스러움의 이미지는 '여자이기 때문에 이래야 한다'는 모습을 강요하는 편협한 사고방식으로부터 비롯된다. 어릴 때부터 "여자아이니까 얌전해야 한다" "여자는 요리를 잘해야지" 등의 말을 들으면서 주위 사람들이 요구하는 역할을 의식하게 되어 말투나 사고방식까지 사회가 원하는 '여성 이미지'대로 행동하게 된다.

이를테면 예전에는 가정에서 가사를 책임지는 사람이 엄마뿐이었기 때문에 가사를 돌보는 것은 남성이 아니라 여성이라고 입력되어 '가사=여성'이라고 인식하게 되는 것이다. 사람은 2~3세 즈음부터 자신의 성별을 인식하게 되어 주위의 환경을 통해 성별의 역할을 학습한다고 한다. 유치원생 남자아이가 "여자인 주제에 큰소리 치지 마!"라고 말하는 모습도 성역할에 관한 이미지가 남자아이의 머릿속에 이미 뿌리내렸다는 의미다.

'싹싹함'은 그 사람의 개성일 뿐이다

아직도 직장에서 여성스러움을 요구하는 곳이 있다. "여자는 싹싹해야 한다" "여직원이 환하게 웃어야 분위기가 좋다" 등으로 말이다. '싹싹함'은 그 여성의 개성임에도 여성스러움 중 하나로 파악되는 것이다. 문제는 여성 사원도 마찬가지로 어린 시절부터 주입되어온 '여자는 싹싹해야 한다'는 인식이 머리에 강하게 남아서 그 사람의 개성이라기보다 행동규범으로 생각해서 자신도 싹싹해지려고 노력한다는 것이다.

현대 사회에서는 여성 관리직도 증가하는 추세로 업무 내용에 따라서는 여성과 남성이 구별 없는 능력이 요구되는 등 변화가 감지된다. 또한 싹싹함 외에도 다른 사람과 원활한 소통을 할 수 있는 능력도 여성스러움 중 하나로 여겨진다.

이전까지의 '여성스러움'이란 남성이 요구하는 이상적인 여성의 모습이었다. 하지만 현재에는 여성 스스로 생각하는 자신의 모습에 주목하면서 예전보다 다양한 가치관이 생겨나고 있다.

여자의 인간관계와 감정을 이해하는 핵심 키워드

여행

여성은 일의 결과보다는 과정을 중시하는 성향이 있어 식사, 쇼핑, 온천, 경치를 보는 등 여행에 따르는 다양한 이벤트를 충분히 즐긴다. 이동하는 버스나 전철 안에서도 과자를 먹으면서 수다로 즐거운 시간을 보낸다.

특히 매일 가사에 쫓기는 주부에게 여행은 더할 나위 없는 휴식이다. 식사 준비를 하지 않는 것만으로도 큰 해방감을 느낀다.

여성끼리의 여행에서 주의할 점

여자들끼리만 여행할 때는 멤버의 선택이 중요하다. 위험을 무릅쓰고 싶지 않고, 계획적으로 움직이고 싶고, 사교성이 좋아서 단체여행이 힘들지 않은 사람이 그룹여행에 적합하다. 반면에 변화를 추구하는 성향이 강하고, 호기심과 모험심이 왕성하고, 여기저기 가기를 원하고 자신의 방식을 고집하는 사람은 혼자 하는 여행을 즐기므로 같이 여행하자는 요청을 거절하고 싶을 것이다. 또한 금전적인 부분도 중요한 요소다. 5성급 호텔에 묵고 싶은 사람과 그렇지 않은 사람이 함께한다면 다른 부분에서도 의

견이 충돌할 것이다.

멤버가 확정되면 '약속시간에 늦지 않는다, 화장실이나 샤워시설을 독점하지 않는다, 금전적인 부탁은 하지 않는다'와 같은 최소한의 규칙을 미리 정해야 한다. '말 안 해도 알겠지'라는 태도는 좋지 않다. 특히 지각은 단체여행에서 갈등의 주된 원인이 되므로 시간 약속만큼은 확실하게 지켜야 한다.

그 이외의 부분에 대해서는 서로 자유를 존중한다. 여행을 하면서 평소와 다른 의외의 모습을 발견하기도 하지만 그 또한 여행의 묘미로 너그럽게 받아들인다.

여성끼리의 여행은 이벤트가 가득하다. 마음껏 즐기도록 하자. 단, 집합시간을 지키는 등의 최소한의 매너는 필수다.

여자의 인간관계와 감정을 이해하는 핵심 키워드

연애

의미 : 특정한 사람과 특별한 애정을 나누는 것
유의어 : 로맨스 / 사귀다 / 사랑에 빠지다
사용방법 : "연애를 하면 예뻐진다"

사랑을 하면 페닐에틸아민(천연각성제)이 분비되어 체중이 줄고, 피부에 혈색이 돈다. 심리적으로는 연인이 생활의 중심이 되다보니 다른 일에는 집중하지 못하는 현상이 나타나기도 한다.

최근에는 좋아하는 사람과 연애결혼하기보다 금전적인 면이나 아이를 갖는 것을 결혼의 목적으로 판단해 연애와 결혼을 분리해서 생각하는 여성이 늘고 있다. 또한 '비혼'을 넘어서 '비연애'를 지향하는 사람들이 증가하면서 연애하는 사람이 줄어들기도 했다.

연애를 하는 동안에는 연인을 우선시한다. "사랑을 하는 여성은 아름다워진다"는 말도 사실이다. 최근에는 연애관이 변화해 연애가 결혼으로 이어지는 사례는 감소하는 추세다.

연애 중심

의미 : 연인과의 관계를 최우선으로 해 친구관계나 일 등을 뒷전으로 하는 것
유의어 : 연애 의존 / 연애 체질 / 과잉의존
사용방법 : 연애 중심이라 친구가 없다

1990년대에 일본에서 크게 히트했던 오구로 마키(大黒摩季)의 '당신만 바라보고 있어'라는 대중가요는 그야말로 연인이 최우선이 된 여성을 노래한 것이다.

이 노래에서 여성은 연인의 마음에 들도록 남자인 친구들을 정리하고, 짙은 화장을 자제하며, 취미도 바꾼다. 결국은 연인 이외에는 주위에 아무도 남지 않게 되고 말았다.

"여성이 행복을 느낀다면 그래도 되는 것 아니냐"는 견해도 있지만 연애 의존적이 되면 문제들이 발생한다. 첫째, 자립이 힘들어지고 연인에 대한 의존도가 높아진다. 둘째, 시야가 좁아진다. 셋째, 연인의 상황을 무조건 우선하기 때문에 일상생활에 문제가 발생한다. 넷째, 연인의 취향을 따르기 때문에 자신의 흥미나 욕구, 취미가 묵살된다. 다섯째, 인간관계가 좁아져서 무슨 일이 생겼을 때 친구나 지인의 도움을 얻기 힘들다.

누군가와 교제함으로써 인간관계가 넓어진다면 일반적인 연애다. 하지만 연인을 우선한 나머지 인간관계가 좁아진다면 연애 의존을 의심해봐야 한다. 연애 의존은 상대방과 연애에 지나치게 열중해 스스로 자신을 컨트롤할 수 없는 상태를 말한다.

연인이 요구하더라도 친구와의 관계는 절대로 끊지 않는다

연인이 SM이나 페티시즘 등 극단적인 성적 취향을 가지고 있거나, 상습적으로 폭력을 휘두르는 경우에는 더욱 비참한 상황이 된다. 폭력이나 비정상적인 성행위를 상습적으로 당하면서도 '이 사람은 내가 없으면 살아갈 수 없다'는 착각에 상대방과 헤어지지 못한다. 아무리 연인이 요구하더라도 친구관계를 절대로 끊어서는 안 된다는 점을 명심하자. 주변에 인간관계만 남아 있다면 어떤 전개·국면에서도 누군가가 도움의 손길을 내밀어줄 것이다.

연인을 우선한 나머지 인간관계가 좁아지면 연애 의존증일 가능성이 있다. 연인이 요구하더라도 친구관계는 어떤 상황에서도 지속해야 한다.

연인의 여자 친구

의미 : 교제하는 남자의 여성 친구
유의어 : 여사친(여자 사람 친구) / 그의 여자동창
사용방법 : 연인의 여자 친구가 거슬린다

ㄱ ㄴ ㄷ ㄹ ㅁ ㅂ ㅅ ㅇ ㅈ ㅊ ㅋ ㅍ ㅎ

어릴 때부터 알고 지낸 혹은 학창 시절의 친구는 소중한 존재지만 연인의 여자 친구에 대해서는 미묘한 감정을 느낀다는 사람도 있다.

함께 식사를 할 때 여자 친구에게 온 문자에 답하는 데 여념 없는 그의 모습을 보면 질투심이 끓어오른다. 그는 "그냥 친구"라고 말하지만 왠지 모를 조바심이 느껴진다. 그에 대해 잘 알고 싶을수록 자신이 모르는 그의 모습을 알고 있는 여자 친구가 부러워진다.

질투심은 그에게 집착하고 있다는 증거이기도 하다. 질투와 구속뿐인 관계는 서로를 멀어지게 만든다. 그에게 자신이 특별한 존재라는 생각과 자신감, 그를 믿는 마음이 이러한 질투심을 억제하는 데 효과적이다. 다만 여자 친구 앞에서 과도하게 애정표현을 하면 상대방에게 적대심을 갖게 하므로 주의해야 한다.

여자 친구에 대해 아무것도 보지도, 듣지도, 신경 쓰지도 않는 방법도 좋다. 혹은 여자 친구와 친하게 지내면서 내 편으로 만드는 방법도 추천한다.

여자의 인간관계와 감정을 이해하는 핵심 키워드

완벽한 남편

의미 : 능력 있는 남편을 가리키는 말
유의어 : 모범남편
사용방법 : 고등학교 동창의 남편은 완벽한 남편인 것 같다

'완벽한 남편'은 직장에서 인정받아 수입이 많고, 가사와 육아에도 적극적으로 참여하며 가족을 소중하게 생각하고, 준수한 외모에 뛰어난 패션센스를 가지고 있는 사람이다. 즉 능력 있고 가족과 아내에 대한 애정도 가득한 남편을 '완벽남'이라고 일컫는다.

고만고만한 수입에 외모도 그저 그런 데다가 분리수거나 화장실 청소를하는 정도로는 완벽한 남편이라는 명함을 내밀 수 없다. 모든 면에서 평균이상의 점수를 내지 못하면 '완벽한 남편'이라고 할 수 없는 것이다.

완벽한 남편은 아내의 자랑거리이기도 하다. 함께 거리를 걸으면 어깨가 으쓱해지고, 친구들에게 소개해도 부끄럽지 않다. 친구들의 부러움 가득한 눈빛에 우월감을 느끼며 행복해하는 여성도 많다. 그중에는 남편의사회적 지위가 곧 자신의 지위라고 착각하는 아내도 있다.

완벽한 남편의 반대말은 '찌질한 남편'이다. 능력도 없고, 육아나 가사도하지 않는 남편을 가리킨다.

외도

의미 : 애정이 다른 사람에게 쉽게 움직이는 것
유의어 : 바람둥이 / 호색 / 바람기
사용방법 : 외도 상대가 보낸 메일을 발견했다

외도는 연인이 있거나 결혼을 했음에도 다른 이성과 연인 혹은 성적 관계를 맺는 것을 말한다.

여성은 성적인 욕구보다 심리적 만족을 위해서 외도를 하는 사례가 많다고 한다. 관계가 권태로워서, 여자로 봐주지 않아서, 섹스리스 등 남편이나 남자친구에 대해 불만이나 스트레스를 느껴서 현재 상태가 만족스럽지 않을 때 외로움이나 심리적 공허함을 메워줄 누군가를 원한다. 반면 단순히 성적 욕구를 채우기 위해 외도를 하는 여성도 있다.

외도하는 여성의 특징은 다음과 같다.

첫째, 성욕이 강하다. 성욕이 남성에게만 있는 것은 아니다. 여성도 파트너와 섹스리스 상태가 되면 다른 사람을 원하기도 한다.

둘째, 느슨한 성격이다. 일이나 시간, 인간관계 등에 느슨한 사람은 남자관계에서도 느슨해지기 쉽다.

셋째, 싫증을 잘 낸다. 싫증을 잘 내는 사람은 대부분 호기심이 왕성해서 관계가 권태로워지면 다른 사람에게 쉽게 눈길이 간다.

넷째, 우유부단하다. 마음이 약하고 다른 남성의 접근을 단호하게 거절하지 못해서 상대방에게 끌려가는 경향이 있다.

파트너와의 좋은 관계가 외도를 막아준다

외도를 하는 여성 가운데는 외로움을 잘 타는 유형이 많다. 그를 만나고 싶은데 만날 수 없는 상황을 견디지 못해서 다른 남성을 통해 외로움을 채우려고 하는 것이다. 한편 남성으로부터의 속박을 귀찮아하는 여성도 기분전환을 할 수 있는 다른 남성과의 시간을 갖고 싶어 한다.

인터넷 만남사이트에서는 자신의 이야기를 들어주지 않는 남편과는 달리 정성스럽게 자신의 이야기를 들어준다. 상담을 해주면서 "매력적이네요" 같은 말까지 해주면 자신도 모르게 마음이 움직인다고 말하는 사람이 많다.

동창회에서 만난 옛날 연인과 외도로 이어지기도 한다. 이미 서로 잘 아는 사이이므로 경계심이 적고 대화도 잘 통한다. 동창회에서의 "조만간 연락하자"라는 인사말이 다음 만남으로 이어지고 어느새 관계가 깊어지는 것이다.

이러한 비밀이 권태로웠던 부부관계에 자극제가 되어 오히려 상대방에게 잘하게 되는 경우도 있다.

파트너와의 관계가 좋아서 행복을 느끼는 여성은 외도를 할 가능성이 적다고 한다. 즉 파트너와의 부족한 대화가 다른 남성에게 눈을 돌리는 원인이므로 긴밀한 커뮤니케이션이 외도를 방지하는 방법 가운데 하나다.

여성의 외도는 진심으로 발전되기 쉬워서 새로운 파트너를 선택하기도 한다. 외도를 막으려면 연인과의 충분한 대화를 통해 서로의 존재를 확인하는 시간을 가져야 한다.

요리

의미 : 세탁, 청소와 함께 3대 가사노동 중 하나다
유의어 : 집밥 / 수제요리 / 엄마의 손맛 / 요리 못하는 여자 / 손맛 좋은 며느리
사용방법 : "요리를 잘 하는 여자는 인기가 많다"

옛날에 "남자는 부엌에 들어오면 안 된다"라는 말이 있었듯이 가족의 식사 준비는 당연히 여성의 몫으로 여겨졌다. 원만한 부부관계를 유지하는 비결로 '아내의 훌륭한 요리솜씨'가 꼽히기도 했으며, 실제로 아내나 애인이 만든 요리를 먹는 것을 낙으로 여기는 남성이 많았다. 하지만 이는 어디까지나 구시대적 발상이다. 최근에는 집안일을 부부가 나눠서 하는 집안이 많아지면서 요리를 남편이 담당하는 가정도 늘어났다.

요리를 잘하지 못하거나 요리하는 것 자체를 싫어하는 여성도 많다. 기술적인 부분뿐 아니라 식단을 고민하는 게 귀찮다거나 부엌을 어지럽히기 싫다는 심리적인 이유에서 요리를 멀리하기도 한다. 한편 요리를 잘하는 여성 중에는 프로급의 실력을 가진 사람도 있어서 홈 파티를 통해 인간관계를 넓히기도 한다. 여하튼 요리 실력은 그 사람의 일부분에 불과하므로 지나치게 의미를 부여하지 않는 것이 좋다.

요리가 서툰 여성도 많다. 각자 음식을 가지고 오는 파티가 열리더라도, 요리하기가 싫다면 억지로 할 필요는 없다.

요리랑
눈이
마주쳤네?

여자의 인간관계와 감정을 이해하는 핵심 키워드

우월감

의미 : 자신과 타인을 비교해서 자신이 뛰어나다는 생각
유의어 : 프라이드 / 자부심 / 자만 / 엘리트 의식
사용방법 : "자기가 더 예쁘다는 우월감에 빠져 있는 거 알아!"

대부분의 사람이 자신이 평균보다 우수하다고 생각하는데 이를 심리학 용어로 '우월의 착각'이라고 한다. 이 '우수하다'는 생각은 주관적인 판단으로, 다른 사람과의 비교를 통해 나오는 순위다. 예컨대 상대방이 불행할수록 자신의 행복도가 올라가며 우월감이 생기는 것이다.

이 쾌감을 얻기 위해 노력해서 성과를 낸다면 무조건 나쁘다고는 할 수 없다. 하지만 이런 성과를 통해 얻는 만족감은 일시적이다. 오래 지속되지 않으므로 진정한 자신감이나 자존감으로는 이어지지 않는다.

대대로 유복하다거나 가문이 좋다는 것처럼 '자신의 노력으로 획득하지 않은 것'에 대해 우월감을 느끼는 사람이 있다. 이런 종류의 우월감은 열등감의 반증으로 인종차별, 성차별 등으로 이어질 수 있다.

자신이 다른 사람보다 뛰어나다는 생각은 자연스러운 감정이다. 하지만 이는 어디까지나 주관적인 해석의 결과이므로 혼자만 느끼는 만족감임을 기억하라.

울다

의미 : 분함이나 슬픔 등의 감정이 복받쳐서 눈물을 흘리는 것
유의어 : 눈물을 흘리다 / 훌쩍이다 / 슬퍼지다 / 괴로워지다
장면 : 자신의 마음을 몰라주거나 인정받지 못할 때

ㄱ
ㄴ
ㄷ
ㄹ
ㅁ
ㅂ
ㅅ
ㅇ
ㅈ
ㅊ
ㅋ
ㅍ
ㅎ

여성은 남성보다 감수성이 뛰어나다고 한다. 예컨대 상사나 거래처로부터 질책을 들었을 때 그 자리에서 눈물을 흘리는 빈도가 높은 쪽은 여성이다.

여자아이는 울면 관심을 받는다

그 첫 번째 이유로 여성은 감성이 섬세해서 감정 기복이 표정으로 확연히 드러난다는 선천적인 특징을 들 수 있다. 즉 울고 싶어서 우는 것이 아니라 저절로 눈물이 나오는 것이다. 그래서 눈물을 멈추지 않을 뿐, 사실은 남성이 생각하는 만큼 심각한 의미는 없을 때도 많다.

또 한 가지 이유는 여자와 남자의 양육방법이 다르기 때문이다. 남자아이는 울면 "남자는 울면 안 돼"라고 혼나지만 여자아이가 울면 "무슨 일이야? 괜찮아?"라며 관심을 받는다. 혼이 나는 쪽은 대부분 여자아이를 울린 사람이다. 본래 감수성이 발달한 데다 눈물을 흘리면 관심을 끌고 혼나지는 않기 때문에 눈물을 흘림으로써 자신을 표현하는 사람도 있다.

물론 물리적으로 힘이 약하다는 점도 잊지 말아야 한다. 어릴 때는 여자아이가 성장이 빨라서 힘이 세지만 이런 상태는 금방 역전되어 대다수의 여자아이는 남자아이를 완력으로 이길 수 없게 된다. 그러면 많은 남자아이가 완력을 사용하는 방법을 익혀서 여자아이가 눈물을 무기로 하는 방법을 터득하는 것은 필요에 의한 어쩔 수 없는 선택이라고 할 수 있다.

여성은 여성의 눈물에 엄격하다

'우는 여성은 피해자, 울게 한 쪽은 가해자'라는 도식은 어른의 세계에서도 뿌리 깊게 남아 있기 때문에 우는 행위로 자신이 처한 상황을 빠져나가려는 사례도 있다. 이것이 "눈물은 여성의 무기"라고 말하는 까닭이다. 어린 시절부터 울면 위로를 받고, 자신을 울린 상대방이 혼난다는 사실을 체험을 통해 반복하다 보면 이 방법을 마지막 카드로 사용하고 싶어지는 것은 당연할 수도 있다.

하지만 이런 속셈을 누구보다 잘 아는 같은 여성은 이런 행위를 곱지 않은 시선으로 바라본다. 남성도 한두 번은 친절하게 받아주겠지만 횟수를 거듭하면 귀찮다고 여기게 될 것이다.

눈물을 흘리는 행위는 선천적·후천적인 의미에서 어쩔 수 없는 부분이다. 위기를 모면하는 수단으로 눈물을 사용하더라도, 진정이 된 후에는 차분히 진상을 설명하는 등의 자세가 바람직하다.

워킹맘

의미 : 자신의 일을 하면서 자녀를 양육하는 엄마
유의어 : 워킹맘 / 슈퍼맘 / 일하는 엄마 / 일과 육아의 양립
장소 : 어린이집 / 공원 / 직장

워킹맘의 수는 매년 증가하고 있지만 이를 지원하는 체계가 뒤따라가지 못하는 상황이다. 표면적으로는 단축근무나 육아휴직을 신청할 수 있게 되었지만 급여가 내려가는 등 차별대우를 받는 경우는 허다하다.

워킹맘을 괴롭히는 3세아 신화

일본에서 예전에 젖먹이 자녀를 방송국에 데리고 온 여성탤런트를 여성 작가가 비난해 세간에 화제가 된 적이 있다. 1987년 홍콩 출신 가수 아그네스 찬이 생후 1년이 채 안 된 아들을 데리고 TV 방송에 출연하면서 시작된 논쟁으로 이른바 '아그네스 논쟁'이라고도 한다. 당시의 논점은 '자녀 동반 출근이 과연 옳은가'였다. 그러면 어린이집에 맡기면 되지 않겠냐는 질문에는 '아이가 가엾다'고 하는 비난도 있었다.

이 배경에는 아이가 3세가 될 때까지는 엄마가 육아에 전념하지 않으면 아이의 성장에 악영향을 미친다는 '3세아 신화'가 작용했다. 엄마 또한 이 주장에 발목을 잡혀 아이가 울거나 하면 죄책감에 시달리게 된다.

또한 대기업의 여성 CEO나 유명 여배우 등 '슈퍼 워킹맘'이라고 불리는 사람들을 이상적인 모습으로 떠받드는 반면에 자신은 나쁜 엄마라는 열등감을 갖는 사례도 나타났다.

하지만 세상이 달라졌다. 현재에는 자녀를 데리고 출근할 수 있는 기업이 나타나는 등 회사의 형태는 변화하고 있다.

혼자 애쓰지 않는다

3세아 신화에 학술적인 근거는 없다. 가장 중요한 것은 자녀와 함께 보내는 시간의 길이가 아니라 '얼마나 많은 애정을 쏟으며 시간을 보내는가'이다. 짧은 시간이라도 상관없으므로 다른 일은 잊고 100% 자녀에게 충실하도록 한다. '너를 관심 있게 지켜보고 있다'는 태도로 아이와 보내는 시간을 만들도록 한다.

일과 육아를 양립하려면 남편, 부모, 같은 처지의 다른 엄마들, 보육교사에게 협력을 요청하는 것이 좋다. 선배 워킹맘에게 조언을 구해도 좋다. 완벽하려고 하지 말고, 포기할 수 있는 부분은 포기하자. 때에 따라서는 이직도 고려할 수 있다. 더 애쓰려고 하기보다 스트레스가 쌓이지 않도록 때로는 자신만을 위한 시간을 가져야 한다.

가정과 일의 양립은 엄마에게는 큰 부담이다. 혼자서 고군분투하지 말고 다른 사람의 협력을 구하라. 때로는 자신만을 위한 시간을 만들어 스트레스를 해소해야 한다.

위로하다

의미 : 일시적으로 슬픔이나 괴로움을 덜어주는 것
유의어 : 어루만지다 / 격려하다 / 기운을 돋우다 / 용기를 주다
장면 : 친구가 기운이 없다고 느낄 때

옆에 있는 친구나 연인이 낙담해 있을 때 걱정하고 위로해주는 것이 당연한 반응이다. 그런데 남성과 여성의 반응은 조금 다르다.

일반적으로 남성을 위로할 때는 "그건 당신의 잘못이 아니야" "별일 아니야"라고 위로하는 형태가 효과적이다.

반면 여성의 경우는 공감을 해야 한다. 그래서 "힘들겠다" "나도 같은 경험이 있어" 등 힘든 상황에 대한 이해를 표현하는 방법이 효과적이다. 위로의 말을 건네기 전에 먼저 상대방의 기분을 헤아려야 한다. 그런 다음 상담을 해주거나, 조언을 해주면 된다. 자존심이 강한 사람은 위로받는 행위에 거부감을 느끼기도 한다.

자존심이 강한 사람 중에는 위로받는 일 자체를 싫어하는 사람도 있다. 그런 사람을 위로하고 싶을 때는 그저 이야기를 들어주며 옆에 있어주면 된다.

197

여자의 인간관계와 감정을 이해하는 핵심 키워드

유치원 등하원 시간

의미 : 유치원에 다니는 자녀를 데려다주고, 데려오는 시간
유의어 : 배웅 / 마중
장소 : 자택에서 유치원 혹은 셔틀버스 정거장까지의 거리

　대부분의 가정에서 어린이집이나 유치원의 등하교는 엄마가 맡고 있다. 워킹맘에게는 자녀와 함께 보낼 수 있는 귀중한 시간인 동시에 비슷한 처지의 다른 엄마들과 고민을 나누거나 정보를 교환하는 장이기도 하다. 이런 아이 친구 엄마와의 교류가 스트레스를 발산하는 기회가 되기도 하지만 오히려 스트레스가 되기도 한다. 이런 이유로 등하교 시간을 힘들어하는 사람도 많다.

　이런 때는 등원과 하원을 남편과 나눠 맡으면 부담을 덜 수 있다. 또한 주위 엄마들보다 선생님과 적극적으로 커뮤니케이션을 하면 육아를 하면서 힘든 부분에 대해 전문가의 조언을 얻을 수 있다. 자녀를 위해서라도 등하원 시간을 긍정적이고 즐거운 시간으로 만들도록 해야 한다.

　등하원 시간은 부모와 자녀가 함께 보낼 수 있는 소중한 시간이지만 엄마들의 사교장이라는 측면도 있다. 이 시간이 괴롭다면 남편과 나눠 맡는 등 조금이나마 부담을 덜 수 있는 방법을 찾아보자.

아, 버스 왔다　　　버스가 늦네요

유학

의미 : 해외에서 일정 기간 공부하는 것
유의어 : 워킹 홀리데이
목적 : 스펙 쌓기 / 어학 / 해외생활을 경험

한때 유학이 여성들 사이에서 크게 유행했다. 현재의 생활을 바꾸고 싶다는 이유가 많았다. 하지만 학창 시절의 유학과 다른 점은 이 모든 것이 자신의 책임이며, 비용도 스스로 부담해야 하기 때문에 실패했을 때의 위험부담이 크다는 것이다. 실패 사례로는 '현지에서 한국 사람들과만 교류한다' '유학비용을 벌기 위해 중요한 공부를 소홀히 한다' '범죄에 휘말린다' '귀국 후 취직이 생각만큼 쉽지 않다' 등을 들 수 있다.

유학 가는 여성이 많은 것은 여성이 스트레스에 강하고, 새로운 환경에 대한 적응력이 뛰어난 점을 들 수 있다. 또한 고령의 여성끼리 해외여행을 떠나는 사례가 많은 것도 호기심이 풍부하며, 행동력과 적응력이 뛰어나기 때문이다.

자신이 무엇을 하고 싶은지 확실하게 정한 후에 유학을 결정해야 한다. 위험요소도 충분히 고려하고, 유학의 목적을 이루기 위한 환경도 조성해야 한다.

유학 가서 외국인 남자친구도 만들어야지♡

육아

의미 : 아이를 키우는 일
유의어 : 어린아이를 기름 / 양육
사용방법 : 육아와 일을 병행하기가 쉽지 않다

결혼 전까지는 평소와 다르지 않았던 친구와의 관계가 결혼과 출산을 기점으로 달라지는 사례가 많다. 육아에 치여 자신까지 살필 여유가 없어서 스트레스가 쌓이는 여성이 많다고 한다.

아이가 태어난 후 오랜만에 학창 시절의 친구가 놀러 오면 하루하루를 육아로 정신없이 보내고 있는 자신과 반짝반짝 빛나는 미혼인 친구를 비교하며 거리감을 느끼게 되고, 그렇게 점차 친구와의 관계는 멀어진다. 또한 여성은 육아를 아무리 열심히 해도 칭찬해주는 사람이 없으므로 가정 안에서 스트레스가 계속 쌓이게 된다.

독박육아에 찌든 여성들

스트레스의 원인 중 하나로 '독박육아'를 들 수 있다. 독박육아는 여성 혼자 육아와 가사를 모두 떠맡는 상황을 가리키는 말이다. 엄마가 된 여성 중에는 남편은 직장에서 늦게 귀가하고, 친정은 멀어서 도움을 받기 힘들며, 근처에 도와줄 사람이나 상담할 수 있는 사람도 없는 환경에서 홀로 육아와 가사와 자신의 일까지 도맡아 하는 사람이 많다. 이렇게 육체적 피로에 정신적 고통까지 가중되어 이러지도 저러지도 못하는 상태에 내몰린 사람도 적지 않다. 게다가 싱글맘이라면 남편의 부재로 인해 더 가혹한 상황에 놓일 것이다.

일을 가진 여성뿐 아니라 전업주부도 상황은 마찬가지다. 일이 있는 여성보다 전업주부 쪽이 훨씬 더 많은 불안이나 스트레스를 느낀다는 의견도 있다. 일하는 동안은 육아에서 벗어난 별도의 시간을 가질 수 있으므로 기분 전환이 가능하지만, 내내 집에 있는 경우에는 혼자서 어린 아기를 돌봐야 하기 때문에 자신이 사회에서 소외된 듯한 느낌을 갖기 쉽다. 또한 일을 하고 싶어도 어린이집에도 못 보내고 도와줄 사람도 없는 상황 자체를 원망하게 되기도 한다.

육아로 몸도 마음도 한계를 넘어섰는데 남편이 아무것도 몰라주면 감정은 극으로 치닫게 된다. 감정이 폭발하기 전에 남편과의 대화를 통해 문제점을 체크해야 한다. 다른 사람의 도움을 받는 것을 부끄럽게 여기지 말고 권리라고 생각하라.

하지만 육아가 그저 힘들고 고통스러운 일만은 아니다. 새로운 발견을 할 수 있고 새로운 관계를 쌓을 수 있는 등 육아에는 이점도 많다.

육아는 여성 혼자서 하는 일이 아니다. 주변에 도움을 청할 사람이 없을 때는 자치단체에 상담하는 등의 방법도 있다. 누군가의 손을 빌려서 잠시 휴식 시간을 갖고 스트레스를 줄여 나가자.

여자의 인간관계와 감정을 이해하는 핵심 키워드

육아공동체

의미 : 부모들끼리 육아에 관련된 정보를 교환하고 상호 협력하는 모임
유의어 : 육아모임 / 맘 커뮤니티
내용 : 야외놀이 / 책 읽기 / 만들기 / 율동

육아공동체는 엄마들이 직접 참여해서 기획하고 운영하는데, 주로 자신의 주거지와 가까운 공동체에 동참한다.

엄마와 아이 모두에게 친구가 생기고, 병원과 유치원에 대한 평판 등 생생한 정보를 얻을 수 있지만, 전문가가 아니므로 운영이 미숙한 측면도 있다. 가장 많이 발생하는 문제가 '활동에 적극적인' 엄마와 '그저 얹혀 가는' 엄마들 사이에 서로 불만이 생겨 전체적인 분위기가 나빠지는 것이다.

규정, 활동내용과 빈도, 참가비, 아이들의 연령층 등이 자신에게 맞는지 사전에 꼼꼼히 확인해야 한다. 공동체의 운영에 적극적으로 관여하지 않고 가볍게 다니는 정도로만 하고 싶다면 지역육아종합지원센터 등 자치단체가 주최하는 공동체가 적합하다.

엄마와 아이에겐 교우관계를 넓히는 기회가 되며 지역의 생생한 정보를 얻을 수 있어 큰 도움이 되지만, 제대로 운영이 되려면 협력이 필수적이다. 자신이 어느 정도까지 운영에 도움을 줄 수 있는지를 정확히 파악하자.

육아휴직

의미 : 양육을 위해 일을 쉬는 것
유의어 : 육아휴가
장소 : 근무처

ㄱ
ㄴ
ㄷ
ㄹ
ㅁ
ㅂ
ㅅ
ㅇ
ㅈ
ㅊ
ㅋ
ㅍ
ㅎ

여성은 출산휴가를 받기가 비교적 수월하기 때문에 출산휴가가 끝난 후 단축근무 제도를 이용해 일하거나 바로 육아휴직을 내는 사람도 있다. 하지만 자신이 출산휴가 뒤에 육아휴직을 낸 기간 동안 다른 직원들에게 폐를 끼쳤다는 미안함과, 보육기관을 빨리 정하지 않으면 복직하지 못할 수도 있다는 초조함 등으로 힘든 시간을 보내기도 한다. 또한 육아로 인해 복직 후 경력이 단절되는 냉혹한 현실에 직면하는 등 고민거리가 끊이지 않는다.

한편 육아휴직을 낸 사람이 있는 직장에서는 그 사람의 업무를 다른 사람이 떠맡아야 하므로 나머지 직원들의 부담은 증가한다. 그러니 육아휴직을 내기 전에 동료 등 직장 사람들에게 감사의 마음을 전하는 등 배려를 하면 좋을 것이다.

노동 환경의 개선이 절실하다

복직 후에도 단축근무가 이어지므로 주위 직원들의 업무량이 단숨에 줄지는 않는다. 그렇기에 '왜 저 사람만 혜택을 누리는 거지?' 혹은 '오늘도 빨리 퇴근합니까?'라고 한마디하고 싶을 만큼 불만을 가지는 사람도 생긴다. 본래 육아휴직이나 육아를 위한 단축근무는 당연한 권리이며, 사회적으로 반드시 필요한 제도임에도 주변의 이해나 배려는 기대하기 힘든 것이 현실이다. 직장에서 갈등이 발생하는 것을 방지하는 차원에서라도 육아휴직이나 단축근무를 선택하는 사람이 있다는 사실을 전제로 한 노동환경 개선이 시급하다. 하지만 이를 실현하는 기업은 소수에 불과하다.

여자의 인간관계와 감정을 이해하는 핵심 키워드

누군가의 육아휴직으로 일부 사람들에게 지나치게 부담이 가중되면 불만이 증폭되고 직장의 분위기가 나빠진다. 그러니 육아휴직 제도를 자유롭게 활용할 수 있도록 노동환경의 개선이 필요하다.

Column **서드 플레이스(Third Place)란 무엇인가?**

이리저리 얽힌 인간관계에 지쳤을 때 '서드 플레이스'가 있으면 도움이 된다. 이를테면 첫 번째 장소가 가정, 두 번째 장소가 직장이라고 한다면 이들 장소와 분리된 별도의 세 번째 장소를 마련해두는 것이다. 취미를 위한 공간 등 가정이나 직장과 관계없는 장소를 선정할 수 있고, 자신이 편안해질 수 있는 인간관계를 찾아보자. 이러한 서드 플레이스는 힘들 때 마음의 안정을 찾을 수 있는 장소가 되며 스트레스를 감소시키는 데도 도움이 된다.

의존

의미 : 다른 사람이나 조직, 물건 등 외부의 것에 의지하며 존재하려는 태도
유의어 : 의지 / 심약 / 집착
장소 : 부모와 자식 관계 / 연애 / SNS

의존이란 다른 것에 의지해 존재하는 것을 말한다. 특정 사물이나 사람에게 너무나도 의지하게 되면 스스로 조절할 수 없게 되고 건강이나 생활, 인간관계 등에 문제가 발생한다. 그리고 이는 의존증으로 이어진다. 온라인 게임이나 술을 적당히 즐기는 정도라면 문제가 없지만 특정한 무엇이 24시간 내내 머릿속을 떠나지 않거나 일상에 지장을 주는 정도가 되면 의존증으로 볼 수 있다.

돈을 빌려서라도 계속하려고 하는 강한 의존증은 전문가의 도움을 빌리지 않으면 빠져나오기 어렵다. 의존증을 그대로 방치하면 증상은 더욱 심각해진다. 그러다가 결국 생활의 기반까지 잃게 되는 사례도 많다.

의존은 심리적 공백을 채우기 위한 것

뭔가에 강하게 의존하는 것은 스트레스에서 벗어나거나, 심리적 공백을 채우려는 행위에서 비롯된다. 늘 채워지지 않는 허전함을 안고 있으므로 뭔가에 기대어 고민을 회피하거나, 거듭해서 만족을 얻고 싶은 욕구의 표현이 의존증을 유발한다.

쇼핑을 좋아하는 여성은 삶의 돌파구를 쇼핑으로 삼아 쇼핑 중독에 빠지기 쉽다. 쇼핑은 갖고 싶은 물건을 구매하는 일상행위이지만 원하는 물건을 손에 넣었을 때 느끼는 기쁨과 즐거움은 마음을 충족시키기도 한다. 그 즐거움을 얻기 위해 또다시 쇼핑을 해서 마음을 채우고, 이러한 상황이 반복되면 그만둘 수 없는 상태가 된다.

쇼핑을 할 때 우리의 두뇌에서는 쾌락물질인 도파민을 분비하기 때문

에 쾌감을 얻게 되는 것이다. 고가의 상품을 구입할 때 점원이 정중한 태도를 보이면 쾌감이 증폭되어 의존증 상태에 박차를 가하게 되기도 한다. 하지만 그 순간에만 공허함이 충족되는 것처럼 느껴질 뿐, 결국은 물건을 사는 행위에서 오는 순간적인 쾌감에 의지하고 있는 것이다. 그렇기 때문에 마음의 공허함이 채워질 리가 없다. 그래서 쇼핑 후에 후회하는 경우도 많다.

의존의 대상은 물건에만 한정되지 않고 사람도 그 대상이 될 수 있다. 남자친구나 친구에게 의존하거나 혹은 부모가 자녀에게 의존하는 등의 형태가 있다. 서로 의존하면서 자신을 확인하는 관계를 '공의존'이라고 하는데, 비정상이라고 생각하면서도 서로를 놓지 못해 과잉의존 관계에 놓이게 되는 것이다. 서로 협력하는 신뢰관계와는 거리가 먼, 또 다른 의미의 관계라고 할 수 있다.

누구나 무언가에 푹 빠져서 그만두고 싶어도 그만둘 수 없는 것이 있다. 자신이 의존적으로 변한 것 같다는 생각이 든다면 그 자체를 그만두려고 하기 전에 자신의 마음을 채워주는 것이 무엇인지 파악해 적절한 심리요법을 택하는 편이 좋다.

이상과 현실의 차이

의미 : 자신이 꿈꾸던 상태와 실제 상태의 차이
유의어 : 이럴 줄 몰랐다 / 예상외 / 상상 밖
사용방법 : "이상과 현실의 차가 너무 커서 따라잡을 수가 없다"

상상할 수 있는 최고로 완벽한 상태, 혹은 실현하기를 원하는 최선의 상태를 '이상'이라고 한다. 이상이 너무 높으면 현실을 마주했을 때 낙담하게 된다. 여성의 인생에서 이상과 현실의 차를 가장 실감하게 되는 시기는 '30세 전후' 즉 25~35세 즈음이다. 화려한 경력, 결혼, 귀여운 자녀 같은 이상적인 미래를 꿈꾸는 시기인 셈이다.

출산한 후에도 몸매를 유지하는 기혼 탤런트나 나이가 들어도 현역에서 활동하는 중년 모델 등을 바라보며 지나치게 높은 이상을 꿈꾸면 현실과의 괴리로 오히려 자신감을 잃게 된다. 그보다는 현재 있는 그대로의 상황에 감사하고 지금 할 수 있는 일을 즐기도록 한다. 난이도는 단계적으로 높여가면 된다. 성공 경험이 쌓이면 자신감도 생길 것이다.

너무 높은 이상을 그리면 현실과의 차이에서 고뇌하게 된다. 스스로 압박이 되지 않을 정도의 목표를 세우고, 하나씩 실현함으로써 자신감을 높여가자.

여자의 인간관계와 감정을 이해하는 핵심 키워드

이웃

의미 : 사는 곳이 가까워서 같은 커뮤니티에 소속된 가정이나 사람
유의어 : 옆집 / 근처
사용방법 : 이웃과의 관계에 신경을 많이 쓴다

이웃은 든든한 존재이자 귀찮은 존재이기도 하다. "그 집 정원에 잡초가 너무 무성하네" "남편은 무슨 일 하세요?"라는 말을 들을 때는 솔직히 성가시게 느껴진다.

시골로 갈수록 이웃에 대한 오지랖은 더 심해지는 경향이 있다. 토박이가 많은 동네에 젊은 부부가 이사를 해온다면 분명 모두의 관심거리가 될 것이다. 반면에 신흥 주택단지의 주민은 비슷한 연령대의 자녀가 있는 가정이 많아서 엄마들과의 교류가 활발하다. 그다지 내키지 않더라도 모른 척해서는 안 된다.

지역사회에서 고립되지 않기 위해서라도 이웃과 멀지도 가깝지도 않은 관계를 유지하는 것이 비결이다. 적절한 거리가 커뮤니티에서 살아남는 열쇠가 된다.

이웃과의 교류

의미 : 이웃과의 친분, 커뮤니케이션
유의어 : 반상회 / 이웃 갈등
사용방법 : 이웃과의 친분을 소중히 하고 싶다

ㄱ ㄴ ㄷ ㄹ ㅁ ㅂ ㅅ ㅇ ㅈ ㅊ ㅋ ㅍ ㅎ

굳이 이웃과 친분을 쌓을 필요가 없다고 생각하는 사람도 있겠지만 이웃과 최소한의 친분은 쌓아둘 필요가 있다. 스토킹이나 치한 같은 성범죄, 절도, 빈집털이, 어린이 유괴 등을 미연에 방지하려면 이웃의 얼굴 정도는 익혀두고 서로 인사만이라도 하는 편이 좋다. 장기간 집을 비울 때도 이웃에게 미리 알려두면 빈집털이 피해를 당할 확률은 낮아진다.

험담은 절대 금지

다만 이웃과 교류할 때는 세심한 주의가 필요하다. 다른 사람의 험담을 결코 해서는 안 된다. 돌고 돌아서 결국 본인의 귀에 들어갈 가능성이 크며, 남의 험담을 하고 다니는 사람으로 낙인 찍히게 될 수도 있다. 누군가의 험담을 하는 분위기로 흘러간다면 화제를 돌리거나 "급한 볼일이 있다"며 자리를 뜨는 것이 좋다.

교류는 얕고 넓게

자신과 가족의 지극히 사적인 부분은 결코 말하지 않도록 한다. 남편의 직업을 물어오면 '회사원' 또는 '자영업자' 정도로만 말하는 것이 좋고 너무 상세한 정보는 알리지 않는다. 오랜 기간 동안 어느 한 사람과만 교류하지 않는 것도 중요하다. 이웃과의 교류는 '얕고 넓게'가 기본이다. 많은 사람과 교류하라. 특정한 사람과 지나치게 친해지면 그 사람과 갈등이 생기거나 사이가 나빠졌을 때 그 지역에서 지내기가 힘들어진다. 또한 친구 사이가 아니므로 어느 정도 거리를 유지하며 교류하는 것이 좋다.

여자의 인간관계와 감정을 이해하는 핵심 키워드

이웃과 얼굴을 알고 지내는 인간관계를 만드는 것은 바람직하다. 하지만 자신의 사생활을 필요 이상으로 이야기하거나, 특정한 사람과만 친분을 쌓는 행동은 피하는 편이 현명하다.

인내

의미 : 참고 견디는 것
유의어 : 참을성 / 자제
사용방법 : "살을 빼야 하니까 케이크를 먹지 않고 참아야지"

직장에서, 학교에서, 학부모 모임에서 '피곤하다'고 느끼는 원인의 대부분은 인간관계라고 한다. 이 인간관계에 문제가 발생할 때 마지못해 선택하게 되는 선택지가 '인내'로, 자신만 참으면 조용히 마무리될 것이라는 소극적인 사고방식이다.

그런데 계속 참기만 하면 스트레스가 쌓여 마음의 여유를 잃고 분노하게 된다. 결국 스트레스 해소를 위해 자신도 모르게 자기보다 약한 위치에 있는 사람에게 분노를 표출하게 되는 것이다. 자신이 견딘 인내를 다른 상대방에게 강요하는 사람도 있다.

이렇게 되면 주변 분위기가 나빠지고 문제가 발생하면서 인내를 강요당하는 사람이 늘어나는 악순환에 빠진다. 관계에서 비롯된 갈등의 문제가 쉽게 해결되진 않겠지만 부정적인 감정을 쏟아내기 전에 인내를 강요당하는 환경은 벗어나야 한다.

인내의 강도를 낮추고 싶다면 상대방에게 과도한 기대를 하지 않으면 된다. 자신의 마음 상태를 객관화해보거나 인간관계를 해치지 않는 정도로 자신의 기분을 전달하는 것도 필요하다.

인내심이 강하다

의미 : 심신의 고통을 잘 견디는 상태
유의어 : 참을성이 있다 / 잘 견디다 / 근성이 있다 / 굴복하지 않는다
장면 : 어려움을 극복해 원하는 결과를 얻으려고 할 때

인내심이 강한 여성은 자신보다 자신이 속한 사회나 조직을 위해 열정을 쏟는 유형이다. 약간 보수적이면서 조용한 인상이지만 그 안에는 강인함이 내재된 여성이다. 이런 유형은 자신을 제어하는 냉정함도 갖추고 있으므로 어려움을 극복하는 능력이 탁월하다. 따라서 주위 사람들에게 신뢰를 받는 경우가 많다.

하지만 아무리 인내심이 강해도 참기만 한다면 당연히 스트레스가 쌓일 수밖에 없다. 더욱이 그 인내가 자신이 원하는 결과로 이어지지 못할 때 스트레스는 극에 달한다. 허무함이 스트레스를 유발하는 것이다. 또한 인내심이 강하다는 것이 다른 사람이 시키는 대로 한다는 의미가 아니라는 사실도 기억하자. 인내심이 강한 성격이 누군가의 필요에 의해 사용된다면 이 또한 스트레스의 원인이 되기 때문이다.

주위 사람이 시키는 대로 하지 말고 자신과 주위 사람이 모두 수긍할 수 있는 결과를 얻을 수 있는 일에 인내심을 발휘해야 한다.

인스타용 사진

의미 : 인스타그램에서 예쁘게 보일 만한 사진들을 업로드하는 것
유의어 : 인스타용 / 인스타감성 / 먹스타그램
사용방법 : 이 화려한 디저트는 인스타감성 사진에 딱이다

'인스타'란 인스타그램(Instagram)의 줄임말로 스마트폰으로 사진이나 동영상을 공유할 수 있는 SNS다. 인스타에 업로드한 사진은 얼마나 많은 사람들의 관심을 받는지가 중요하다. 즉 사진을 보고 멋지다고 생각한 다른 사람들의 평가('좋아요')의 숫자가 많을수록 파급력이 큰 사진이 된다.

인스타 사용자는 여성이 많다고 하는데, 인스타에 사진을 업로드하는데 푹 빠진 사람들은 자신을 인정받고자 하는 욕구가 강하며, 그 사진을 많은 사람들이 봐줄수록 자신의 가치가 올라간다고 느낀다. 그러므로 맛있는 케이크를 먹기 위해서가 아니라 멋진 사진을 찍기 위해 유명한 맛집을 찾는 것이 요즘의 현상이다.

멋진 사진을 업로드하는 데만 신경을 쓰다 보면 대상을 진심으로 즐길 수 없어진다. 다른 사람의 평가를 목적으로 두지 말고 정말 자신이 찍고 싶은 것을 찍자.

여자의 인간관계와 감정을 이해하는 핵심 키워드

자기 이야기만 하는 사람

의미 : 두 사람 혹은 다수의 사람들이 이야기 나눌 때 자기 이야기만 하는 사람
유의어 : 과도한 자기애 / 자기과시욕 / 타인인정욕구 / 자기중심
장면 : 두 사람 혹은 다수의 사람이 식사를 할 때

자기 이야기만 하는 사람은 타인인정욕구가 강하다. '타인인정욕구'란 타인에게 자신이 가치가 있는 존재임을 인정받으려는 욕구를 말한다. 이런 타입의 사람은 때와 장소를 가리지 않으며, 업무와 관련된 자리에서나 그다지 친하지 않은 사람들과의 자리에서도 자신의 이야기만 늘어놓아 사람들의 눈총을 받는다. 이야기의 주요 메시지는 일관되게 '나는 괜찮은 사람이다. 그러니까 나를 인정해달라'는 것이다. 자신을 스스로 인정하지 못하는 사람이 주로 이런 경향을 보인다.

대화나 커뮤니케이션은 말을 주고받는 것이므로 상대방이 하는 말에도 귀를 기울여야 한다. 상대방에게 인정받고 싶다면 자기 이야기만 해서는 안 된다는 점을 명심하며 대화에 참여해야 한다. 타인의 평가에 연연하기보다 자기 자신을 스스로 인정하려고 노력해야 한다.

자기 이야기만 하는 사람은 타인인정욕구가 강하지만 주위 사람들에게 인정받지 못한다. 자신의 잘못된 대화 방법을 직시하고 스스로 자존감을 높여야 한다.

자녀의 운동회

의미 : 유치원이나 학교에서 보호자가 참가하는 연간행사 중의 하나
연관어 : 학예회 / 현장학습
사용방법 : 자녀의 운동회 날은 일찍 가서 자리를 잡는다

ㄱ
ㄴ
ㄷ
ㄹ
ㅁ
ㅂ
ㅅ
ㅇ
ㅈ
ㅊ
ㅋ
ㅍ
ㅎ

운동회는 본래 아이들이 주역이다. 또한 자신의 아이뿐 아니라 참가하는 '아이들 모두'가 주역이다. 이 사실을 망각한 부모가 문제를 일으킨다. 좋은 자리를 차지하기 위해 신경전을 펼치거나, 자신의 자녀가 지면 야유를 보내거나, 학부모끼리 옷차림이나 도시락을 비교하고, 험담을 하는 것이다.

운동회는 보호자를 위한 모임이 아니다. 운동회에서 부모가 주시해야 할 대상은 아이들이지 다른 부모들이 아니므로 평소 안면이 있는 학부모를 만나면 인사하는 정도만으로도 충분하다. 매너가 좋지 않거나 질이 매우 나쁜 보호자가 있다면 그 자리를 떠나면 된다.

운동회에 부모인 자신이 무엇을 하러 왔는지 다시 한 번 상기하기 바란다. 자신이 어렸을 때 부모가 어떻게 해주었으면 좋겠다고 생각했는지 이 기회에 생각해보는 것도 좋을 것이다.

운동회의 주역은 어디까지나 아이들이다. '내 아이의 좋은 모습을 촬영해서 혼자 간직하고 싶다' '세련된 엄마로 보이고 싶다' 같은 이기적인 생각은 그 자리에 어울리지 않는다는 사실을 기억하자.

여자의 인간관계와 감정을 이해하는 핵심 키워드

자랑

의미 : 자신의 능력이나 성적, 소지품, 친척 등을 뽐내며 이야기하는 것
유의어 : 자화자찬 / 교만 / 거만 / 잘난 체 / 자만
사용방법 : "또 자랑하기 시작이네"

자랑만 하는 사람은 자기과시욕이나 타인인정욕구가 강해서 '나를 좋게 봐달라' '주목받고 싶다'며 계속해서 어필한다. '내가' '나는'을 연발하며, 다른 사람의 기분은 안중에도 없다. 경우에 따라서는 자신이 무엇이든 할 수 있다는 망상에 빠져 주위 사람들을 무시하기도 한다. 당연히 원만한 인간관계를 형성하기 어렵고, 의도와는 반대로 주위 사람들에게 인정받지 못하며 좋은 평가를 받는 일은 없다. 오히려 대부분의 사람들이 점차 멀어지려 한다. 직장 등 물리적으로 거리를 두기 힘든 상황이라도 심리적인 거리는 두려고 할 것이다.

자신의 이야기만 하는 사람을 주의해야 한다. 이야기가 자기 자랑으로 이어질 가능성이 높다. 평소에 주위 사람들의 이야기에 귀를 기울이도록 하자.

자기과시욕과 타인인정욕구가 강한 사람은 원만한 인간관계를 구축하기 힘들다. 자기 자랑은 적당히 하고 다른 사람의 이야기에도 귀를 기울이도록 한다.

자만

의미 : 자신을 과대평가해 의기양양한 태도
유의어 : 자아도취 / 나르시시즘 / 자부심
사용방법 : "저 사람, 대단하지도 않으면서 자만심만 가득해"

자만은 실력 이상으로 자신이 뛰어나다고 믿고 교만하게 행동하는 것을 말한다. 과도한 자기애라고도 하는데, 자기애가 넘치는 사람은 자신을 지나치게 사랑해서 자신의 능력을 과시하고 싶어 하는 특성이 있다. 자만하는 사람은 자신의 능력을 과대평가해 자신감 넘치게 일하지만 막상

주변에선 '고작 이 정도야?'라는 식의 평가를 받는다.

오만한 사람은 자신이 누구보다 뛰어나다는 믿음이 있으므로 노력하지 않는다. 성장이 멈춰버렸기 때문에 그 사람의 능력은 점점 떨어진다. 또한 고자세인 사람이 많아서 자신이 다른 사람보다 우월하다고 착각하고 상대방을 깔보는 태도를 취하기도 한다.

정말로 능력이 있고 자신감을 갖춘 사람은 자만하지 않고 겸손하며, 끊임없이 배우고 노력한다. 진정한 미인이 "나 예쁘지?"라며 다른 사람에게 대답을 강요하지 않는 것처럼 말이다.

자만심이 강한 사람은 다른 사람에게는 엄격하고 자신에게는 느슨하다. 자신이 우수하다고 생각하는 것은 착각이다. 남들은 이미 당신의 능력을 간파하고 있다.

여자의 인간관계와 감정을 이해하는 핵심 키워드

자신에 대한 보상

의미 : 자신의 노력이나 수고를 물질적으로 보상하고 위로하는 것
유의어 : 자찬 / 자칭
사용방법 : "나에 대한 보상으로 핸드백을 샀어"

'자신에 대한 보상'을 하는 이유는 3가지다. 첫째는 다이어트중인데도 유명한 가게의 디저트를 먹는 등 자신의 행동에 모순이 발생하는 경우다 (인지적 불협화). 이 모순을 심리적으로 해소하기 위해 '열심히 노력한 나에 대한 보상'으로 디저트를 먹었다고 생각하는 것이다. 둘째는 SNS 등의 팔로워를 의식하는 경우다. 보통은 이런 고급 디저트는 거의 먹지 않지만 오늘은 특별히 열심히 노력한 나에게 주는 보상으로 디저트를 먹었다고 변호한다. 질투심과 같은 공격적인 감정으로부터 자신을 지키기 위한 작전이다. 셋째는 디저트를 먹는 행위 자체를 스트레스나 심리적 압박을 극복하는 해소법 중 하나로도 생각할 수 있다. 이런 욕구들을 충족하기 위해 자신에 대한 보상이 존재한다.

'자신에 대한 보상'이라는 말이 사용되는 원인으로 인지적 불협화 해소, 질투나 공격적인 감정으로부터 자신을 보호하기 위한 전략, 스트레스 해소법을 들 수 있다.

자연주의 생활

의미 : 의식주의 구석구석까지 신경 쓰는 생활
유의어 : 유기농 라이프 / 수고를 마다하지 않은 생활
사용방법 : 자연주의 생활을 동경한다

'자연주의 삶'이란 의식주 하나하나에 시간과 노력을 들이는 라이프 스타일을 말한다. 블로그나 관련 서적이 화제가 되면서 이런 삶을 동경하는 사람(특히 성인 여성 중심으로)이 늘어났다. 하지만 무첨가 식재료를 사용한 가정요리, 과탄산소다와 식초를 사용한 청소법 등을 추구하지만 실제로 이런 식으로 자연주의 생활을 실천하기란 생각처럼 쉽지 않아서 오히려 여유가 없는 일상을 보내는 경우도 있다. 자연주의 삶을 동경하지만 피로감을 느껴 포기하는 사람도 있다.

라이프 스타일은 사람마다 다르다. 누군가를 따라했는데 즐겁지 않다면 그 생활이 자신과 맞지 않다는 의미다. 타인의 시선을 당연히 의식할 수밖에 없지만 사실 이 시선 또한 타인이 아니라 스스로를 바라보는 자신의 시선이자 평가라는 사실을 기억하자.

얼핏 그럴듯해 보이는 유행을 쉽게 따라가지 않는가. 억지로 '자연주의 삶'을 추구할 필요는 없다. 자신에게 맞는 삶을 선택하는 것이 중요하다.

정성이 가득!

사흘을 꼬박
새워 만든 된장···

여자의 인간관계와 감정을 이해하는 핵심 키워드

자의식과잉

의미 : 타인에게 어떤 식으로 보일지를 지나치게 신경 쓰는 상태
유의어 : 부끄러움 / 수줍음 / 승인욕구 / 인정욕구
사용방법 : "저 사람은 자의식과잉이야"

자의식(자기의식)에는 '사적 자기의식'과 '공적 자기의식'이 있다. 타인이 어떻게 보는지를 신경 쓰는 '공적 자기의식'이 지나치게 강하면 창피를 당하고 싶지 않은 심리가 강하게 작용해 발표를 하는 자리에서나, 타인과의 첫 만남, 회의 등에서 자신이 먼저 말해야 하는 상황을 기피한다. 그러면서도 타인인정욕구도 강해 발표에서 칭찬을 받거나, 프로젝트를 성공시켜 찬사를 듣고 싶어 한다. 자연히 이상과 현실(자신의 능력·기술)의 괴리에 괴로워한다. 한편 '사적 자기의식'이란 자신의 내면적·개인적인 측면에 집중하는 것을 말한다.

누군가와 처음 만나는 자리에서는 '상대방의 눈을 보고 이야기한다'는 작은 목표를 세우고 그것을 실행하려고 노력해야 한다. 이것을 반복하다 보면 점차 자신감이 생길 것이다.

자의식과잉은 창피를 당하고 싶지 않은 심리가 강하게 작용해 적극적인 행동을 불가능하게 한다. 거창한 성과에 욕심내기보다 작은 목표를 세워 그것을 실행한 자신을 칭찬하자.

자존감

의미 : 자신을 높게 평가하고, 존경받아 마땅한 인간이라고 생각하는 감정
유의어 : 자존심 / 자부심 / 자긍심 / 우월감 / 긍지 / 우쭐함
장면 : 사람들 앞에 서서 주목받을 때

자존감(자존심)이 높은 사람은 사람들 앞에서 발표를 하거나, 프로젝트에서 리더십을 발휘할 때 그다지 스트레스를 느끼지 않는다. 타인인정욕구가 강하고, 주위 사람들의 칭찬에 희열을 느끼므로 오히려 적극적으로 앞에 나선다. 불안이나 긴장이 아예 없지는 않지만 목표달성 의욕이 높고, 프로젝트를 성공시켜 박수갈채를 받고 싶어 한다.

자존감이 높은 사람은 자신만만하고, 스트레스를 받을 만한 상황에서도 여유롭다. 그러나 거만하게 보일 수도 있으므로 겸손한 자세로 다른 사람과 협조하려고 노력해야 한다.

여자의 인간관계와 감정을 이해하는 핵심 키워드

장녀

의미 : 형제자매 중에서 가장 나이가 많은 사람
유의어 : 첫째 아이 / 딸아이 / 언니
장면 : 다른 사람을 돌볼 때

장녀는 부모나 형제 등 주변 사람들이 장녀다운 행동을 기대하기 때문에 본인도 이에 부응하기 위해 노력하는 특징이 나타난다.

사회적으로 여성에게는 주위 상황을 재빨리 읽고 적절한 행동을 하도록 요구하는 경향이 있다. '눈치 빠른 행동'을 여성이 갖추어야 할 덕목 중 하나로 꼽고 있는 것이다. 장녀에게는 이런 성향을 더욱 강하게 요구한다.

이 때문에 장녀는 형제자매나 나이 어린 상대뿐 아니라 동년배에게도 어떤 식으로든 도움을 주려고 한다. 실제로 다른 사람 챙기는 것을 좋아하고 행동이 예의 바르며, 늘 친절하게 조언해주기 때문에 학창 시절에는 그녀를 믿고 의지하는 사람도 많았을 것이다. 이른바 친구들 사이에서 '언니 같은 존재'다.

하지만 다른 사람을 챙기려고 애쓰는 과정에서 자신도 모르는 사이 이런저런 스트레스가 쌓인다는 사실을 자각해야 한다.

남을 챙겨주는 성향이 부담스럽게 느껴지기도 한다

또한 이전까지 그녀의 도움을 받던 사람도 어느 정도 성장하면 예전의 '자매 같은' 관계가 윗사람의 성가신 잔소리처럼 들려서 소원해지기도 한다. 이런 관계가 힘들다면 장녀 기질이 있는 여성에게, 사람에게는 각자의 영역이 분명하게 존재하며 이 둘 사이에 일정한 거리가 필요함을 알려주는 방법밖에 없다. 노골적으로 거부감을 표시하면 자신의 정체성을 부정당했다는 느낌에 감정적으로 공격할 수도 있다.

강하게 부정하는 대신 "그래, 그렇게 생각할 수도 있겠다"라며 일단 긍정의 표시를 한 다음 "내 방식대로 그 의견을 어떻게 실현시킬지 고민해볼게"라는 방향으로 풀어가는 편이 좋다.

장녀의 성격은 본래 여성이 지닌 성향이 더욱 강화된 형태다. 한쪽이 의견을 제시하고 다른 한쪽이 따르는 상하관계가 되면 서로 스트레스가 되므로 관계 자체를 재검토해야 한다.

`Column` **장녀의 성격**

심리학자 다쿠마 다케도시(詫摩武俊)는 장남, 장녀, 남동생, 여동생에게 나타나는 성격적인 특징을 조사했다. 같은 첫째라도 남자와 여자의 특징이 다르다. 장남은 책임감이 강하고 관용적이며 지도적이고 통이 크며 의지가 강하다고 한다. 장녀는 조용하고 친절하며 조심스럽고 차분하며 어른스럽다고 한다. 첫째는 전반적으로 말수가 적고 대화를 나눌 때 주로 듣는 편이며, 행동이 조심스럽다고 한다.

223

전업주부

의미 : 결혼 후 가사나 육아에 전념하는 여성
유의어 : 주부 / 아내 / 와이프
사용방법 : 전업주부가 무조건 편하다고는 할 수 없다

엄밀한 의미에서 '전업주부'란 직장 등으로부터 수입이 없으며 남편의 소득을 중심으로 가정을 꾸려가는 여성을 말한다. 여성의 사회진출이 당연해진 현대에도 남성과의 경제격차와 눈에 보이지 않는 성차별은 여전히 뿌리 깊게 남아 있다.

이런 사회를 살아가는 데 지친 여성들 중에서는 전업주부에 대한 로망을 가지게 된 사람들도 있다. 하지만 경기부진으로 남편의 수입에만 의존하기란 현실적으로 힘들다. 대출금과 자녀의 학비 등의 부담을 조금이라도 줄이고자 아르바이트를 하며 일하는 사람이 많아서 엄밀한 의미에서의 전업주부는 거의 드물다고 해도 과언이 아니다.

한편 전업주부와 맞벌이 주부는 라이프 스타일이 다르기 때문에 똑같이 자녀가 있는 기혼이라도 서로 대화가 통하지 않기도 한다.

224

절교

의미 : 교우관계에서 교류를 단절함
유의어 : 이별 / 절연 / 불화
장면 : 같은 반 친구와 다퉜을 때

절교란 '관계를 단절한다'는 의미로 상대방도 알 수 있을 정도로 명확하게 태도를 취한다는 점에서 '서먹하다'는 것과 차이가 있다. 전화를 받지 않고, 카톡이나 문자도 삭제하거나 상대방을 차단한다. 이렇게 하면 상대방 또한 이쪽의 의사를 눈치챌 수밖에 없다.

단호하게 절교라는 의사표시를 하는 사람은 흑백논리 발상의 소유자다. 자신에게 득이 되지 않는 사람과는 교류하지 않으며 그것을 확실한 태도로 표현할 수 있을 정도의 기질을 갖고 있다. 이 방법이 도움이 될 때도 있지만 상대방에게 깊은 상처를 주기도 하는데, 이는 자신에게 부메랑으로 되돌아와 치명상을 입힐 수도 있다. 단호한 결단을 내리는 태도가 나쁘다고는 할 수 없지만 상대방의 감정에 공감하며 유연한 마음을 갖추지 못한다면 예상하지 못한 부분에서 발목을 잡힐 수도 있다.

극단적인 말과 행동은 오히려 문제를 악화시킨다. 평소에 모든 일을 신속하면서도 신중하게 파악하고 대처하는 능력을 키워나가도록 해야 한다.

여자의 인간관계와 감정을 이해하는 핵심 키워드

절친

의미 : '절친한 친구'의 줄임말
유의어 : 베스트 프렌드
사용방법 : "리트윗해주면 절친이지!"

일본에서는 2000년대 초반부터 여학생들을 중심으로 사용되기 시작한 말이다. 폭발적으로 확산된 것은 2012년으로 다자이 오사무의 소설 『달려라 메로스』를 젊은 언어로 각색한 패러디 작품이 트위터에 게재된 것이 계기다.

그 후 여자 중·고등학생 사이에서 스티커사진을 찍은 다음 '절친'이라는 문구를 넣는 것이 유행했다. 청소년들은 이런 식으로 그들의 세계 안에서만 통하는 말을 많이 만들어내는데, 그런 말을 사용하는 것 자체가 동지의식을 확인하는 신호다. 하지만 이는 어디까지나 청소년기의 언어로 일반적으로 일정한 연령을 지나면 사용하지 않는다. 그런데 이런 청소년기의 언어를 성인이 된 이후에도 계속 사용한다면 정신적으로 성숙하지 못한 채 과거의 인간관계에 얽매여 있는 사람일 가능성이 크다.

'절친'은 청소년들의 언어로, 재미로 사용된다. 친해지는 계기가 될 수는 있지만 진정한 친구가 되려면 이후의 관계가 어떻게 진전되느냐가 더 중요하다.

누구더라

← 10년 전 스티커 사진

절친

점술

의미 : 사람의 운세나 길흉을 판단·예언하는 것
유의어 : 역술 / 점성술
사용방법 : 매일 TV에서 '오늘의 운세'를 보는 것이 일과다

여성 중에는 점술을 무척 좋아하는 사람이 많다. 과학적 근거는 없지만 스스로 납득할 수 있다면 쉽게 믿고, 사적인 부분도 거부감 없이 이야기하기 때문에 점술을 곧이곧대로 받아들이는 사람이 많다.

사람은 자신에 대해 더 알고 싶어 하기 때문에 자신과 관련된 정보를 수집하려는 '자기인지욕구'가 있다. 이 욕구를 충족시켜주는 것이 점술이다. 점술가가 지금까지 몰랐던 자신의 성격이나 장점 등 '긍정적인' 정보를 제공하면 만족도가 높아진다.

다만 점술을 맹신하는 것은 위험하다. 자신의 의사에 따라 판단할지, 점술에 따라 판단할지는 그 사람에게 달려 있지만 점술에 지나치게 의존하지 않도록 주의하자.

점술에 잘 빠지는 사람은 누구에게나 해당할 법한 이야기를 내 이야기라며 착각하는 경향이 강하다. 점술에 지나치게 의존하면 사고력이 떨어지고 수동적으로 변할 가능성도 크다.

여자의 인간관계와 감정을 이해하는 핵심 키워드

점심

의미 : 카페나 레스토랑에서 먹는 점심
유의어 : 친한 엄마들과의 점심 모임 / 여자 친구들의 점심 모임 / 혼밥족
사용방법 : "다음에 점심이라도 같이 하지 않을래?"

회사동료나 친한 엄마들과 함께하는 점심은 맛있는 음식을 먹는 것보다 수다가 주된 목적이다.

점심 약속은 평소에는 거의 이야기를 나누지 않던 사람과 교류할 수 있고 잠깐의 휴식시간을 가지며 혼자서는 들어가기 어색한 가게에도 무리와 함께 자연스럽게 들어갈 수 있다는 등의 좋은 점도 많지만, 다른 사람과의 대화 도중 스트레스를 받는 경우도 있다. 내성적인 사람, 단체행동을 싫어하는 사람, 순수하게 식사를 즐기고 싶은 사람에게는 이렇듯 타인과의 식사는 맞지 않는다.

혼자 점심을 먹으러 가는 사람을 '혼밥족'이라고 해서 누군가는 안타깝게 바라보기도 하지만 전혀 신경 쓸 필요가 없다. 자신의 의지로 선택한 것이라면 '이것이 내 방식'이라며 당당하게 행동할 수 있을 것이다. 혼밥족을 위한 식당과 카페 등도 많이 생겨나고 있어서 오히려 편안하게 식사를 즐길 수 있다.

이러한 식사 자리를 긍정적으로 생각하고 즐기는 사람이 있는가 하면 그렇지 않은 사람도 있다. 참석하고 안 하고는 개인의 자유이므로 다른 사람이 이러쿵저러쿵 이야기할 문제가 아니다.

제사

의미 : 죽은 사람의 명복을 빌기 위해 기일에 이루어지는 의식
유의어 : 49재 / 1주기 / 3주기 / 조사
사용방법 : "내일은 제사가 있어서 참석할 수 없습니다"

ㄱ
ㄴ
ㄷ
ㄹ
ㅁ
ㅂ
ㅅ
ㅇ
ㅈ
ㅊ
ㅋ
ㅍ
ㅎ

제사란 돌아가신 분의 명복을 빌기 위해 친족이 모여서 기일에 행하는 의식을 가리킨다. 다른 가정에서 시집 온 여성에게는 이런 제삿날이 고역이다.

지역이나 가정에 따라 제사 방법이나 의식이 다른 데다가 당일에는 좋은 의미로든 나쁜 의미로든 친척들의 시선이 며느리에게 쏠리게 된다. 이런 때는 인품이 좋아 보이는 어른을 찾아서 '가르침을 달라'는 태도로 접근하는 것도 한 가지 방법이다.

하지만 지나치게 거리가 가까워지면 뒷담화의 표적이 될 수도 있다. 실제로 만나는 횟수가 적다는 점을 감안한다면 무리해서 친척들 사이에 들어갈 필요는 없다.

제사는 신경 써야 할 부분이 끝도 없다. 친척 중 한 명을 내 편으로 만드는 방법도 있지만, 억지로 친해지려고 애쓰기보다는 심리적으로 확실하게 선을 긋고 적당한 거리를 두는 방법도 나쁘지 않다.

여자의 인간관계와 감정을 이해하는 핵심 키워드

조심스러움

의미 : 수줍음이 많아서 스스로 나서려고 하지 않는 성격
유의어 : 평범함 / 수줍음 / 얌전함 / 소극적 / 신중 / 겸손
사용방법 : 조심성이 많아서 모험하지 않으려는 타입

시험성적이 잘 나오거나, 일에서 성공을 거두었을 때도 기쁨을 표현하지 않고 조심스러운 태도를 보이는 사람이 있다. 본래 신중한 성격인 사람도 있지만, 성공을 인정받고 싶어도 요란스럽게 부각시켜서 주목을 끌고 싶지 않은 성향도 작용한다. 이것을 '성공회피동기'라고 한다.

미국의 심리학자 호너(Matina Homer)는 의대생에게 최고의 성적을 거두었을 때의 경험담을 적어 내게 했다. '운 좋게 1등을 했다' 같은 부정적인 면을 강조한 문장이 있는 사례를 성공회피동기를 나타낸다고 보았다. 결과를 살펴보면 남학생 가운데 성공회피동기가 나타난 사람은 9.1%인 데 반해 여학생은 65.5%였다. 여성 쪽에서 조심스러운 태도가 압도적으로 많이 나타나는 것이다.

큰 성공을 거두었을 때도 조심스러운 태도를 보이는 여성이 많다. 요란스럽게 기뻐해 주목을 끌기보다 평온한 생활을 택하는 것이다.

주절주절

의미 : 이야기가 길어져서 늘어지는 모양
유의어 : 장황하다 / 늘어지다
사용방법 : 그녀의 이야기가 주절주절 길어져서 지루하다

　'주절주절'은 의태어로, 이야기를 지루하고 장황하게 늘어놓는 모습을 나타낸다. 이야기가 길어질 뿐 아니라 같은 말을 여러 번 반복하기 때문에 듣는 사람 대부분이 지루해한다. 여러 번 같은 말을 되풀이하면 이야기가 늘어져서 핵심내용을 파악하기 어려워진다. 이야기를 빨리 마무리해주기를 원할 때는 상대방이 하고 싶은 이야기가 무엇인지 파악해 자연스럽게 그쪽 주제로 넘어가도록 유도하는 방법이 좋다.

　그중에는 '말하기' 자체를 좋아해서 단순히 이야기를 이어가고 싶은 마음에 주절주절 말하는 사람도 있다. 한번 이런 사람에게 붙잡히면 쉽게 빠져나올 수 없어 난감하다. 이럴 때는 비록 다른 용건이 없더라도 "잠시후에 약속이 있어서 몇 분 후에는 나가야 할 것 같습니다"와 같은 말로 시간을 제한해두면 더욱 괴로워지기 전에 자리를 빠져나올 수 있다.

　몹시 흥분해서 이야기하는 상대방과 달리 차분하게 대응하는 방법도 있다. 공감하는 모습을 보이지 않음으로써 이야기하기 힘든 분위기를 형성하는 것이다.

여자의 인간관계와 감정을 이해하는 핵심 키워드

중학교 동창

의미 : 같은 중학교를 졸업한 사람
유의어 : 동창생 / 동기
사용방법 : 그녀들은 중학교 동창이라서 사이가 좋다

매일 수다를 떨며 웃고 지내던 사이라도 졸업 후에는 점점 거리를 느끼게 된다. 특히 고향을 떠난 사람이 이런 감정을 느끼기 쉽다. 고향에 남아 있는 사람들은 만날 기회가 있으므로 결속력도 강하다. 하지만 고향을 떠난 후 가끔 돌아오는 사람은 대화에 끼지 못하고 소외감을 느끼기도 한다.

대화의 주제는 취업과 결혼, 남편의 직업 등 사적인 내용이 중심이다. 이런 주제에 끼지 못하는 사람은 모임에서 겉도는 느낌이 들어서 이제 만나지 말아야 하나 하는 생각도 든다. 고향 친구들과 만나면 대부분의 대화 주제는 추억 이야기와 근황 확인이 전부다. 내키지 않는 모임이라면 가지 않는 것 또한 하나의 방법이다. 다만 같은 중학교 출신이기 때문에 나눌 수 있는 학창 시절의 추억담은 즐거움의 하나이기도 하다.

같은 중학교 출신이라도 그 지역에 남아 있는 사람과 그 지역을 떠난 사람 사이에는 어쩔 수 없이 거리감이 생기지만 가끔은 마음 편하게 지난 이야기를 나눌 수 있는 관계가 되기도 한다.

지도 읽기

의미 : 지형이나 소재지 등을 평면상으로 알기 쉽게 표시한 것
유의어 : 지표 / 단서 / 도시안내 / 길안내 / 약도
장면 : 목적지까지 가는 길을 잃었을 때

여성은 지도를 읽는 데 서툴다는 인식이 있다. 실제로 지도를 보면서 목적지를 찾는 것을 힘들어하는 사람이 많다는 통계가 있다. 지금 내 손에 있는 지도의 어느 쪽이 북쪽이고 어느 쪽이 남쪽인지 헷갈려 하며, 극단적인 경우 정반대 방향으로 걸어가는 일도 드물지 않다.

못한다고 생각하기 때문에 서툴다

하지만 정말 그럴까. 공간인지능력을 알아보는 테스트를 했을 때 남성 쪽의 성적이 좋다는 보고가 있기는 하다. 하지만 사실 이것은 일반적으로 여성은 지도를 읽는 데 서툴다는 인식이 지속된 결과, 어떤 여성은 사실 그렇지 않은데도 자신이 못한다고 믿어버리기 때문이라는 설도 유력해지는 추세다. '고정관념에 대한 공포(Stereotype Threat)'라고 해서 자신이 소속된 집단의 편견을 그대로 받아들이는 현상을 말한다. 이 경우에는 '여성들은 지도 읽기에 서툴다'는 편견이 그대로 수용된 것이다.

실제로 해당 테스트가 공간인지능력을 알아보기 위한 테스트라는 사실과 남성 쪽의 성적이 높게 나온다는 사실을 숨기고 테스트를 진행했더니 여성들의 성적이 낮지 않았다는 결과가 나왔다. 스스로 못한다는 생각이 실제로 그 행동을 서툴게 만드는 것이다.

그러므로 지금까지 '지도를 읽는 데 서툴다'고 생각했다면 '사실은 그

렇지 않다'고 스스로에게 일깨워줌으로써 열등의식을 극복할 수 있다. 다만 남녀 구분 없이 지도를 읽는 데 서툰 사람도 있다. 이런 사람은 스마트폰의 지도앱을 이용하면 편리하다. 이러한 수단을 활용하는 것도 하나의 해결책이다.

　지도를 읽는 능력에 남녀 차이는 없다. 이 사실을 인지한 이후에도 여전히 지도 읽기가 힘들다면, 이는 성별의 차이 때문이 아니라 단순히 지도를 읽는 데 서툰 사람이기 때문이다. 길 찾기가 어렵다면 지도앱을 활용하면 된다.

질투

의미 : 다른 사람이 자신보다 나은 처지에 있다고 생각해 원망하거나 미워하는 것
유의어 : 시기 / 투기 / 시샘
사용방법 : 친구의 성공을 질투하다

자신과 비슷한 수준, 혹은 아래의 수준이라고 생각하던 사람이 자신보다 높은 지위를 획득하거나, 행복해지거나, 어떤 일을 성취하면 질투심이 생기기 쉽다. 질투심 자체는 나쁘지 않지만 대개 증오와 분노 같은 감정을 동반하기 때문에 질투 대상에 대한 비판, 악담, 비아냥거림, 비꼬는 말 등을 입에 올리는 경우가 많다. 때에 따라서는 함정을 놓거나 나쁜 소문을 흘려서 질투하는 상대에게 타격을 입혀 끌어내리려고 한다.

질투는 '평균화를 추구하는 감정'이지만, 질투 대상의 위치에 자신을 올려놓으려는 대신 상대방을 자신의 위치로 끌어내리려고 하기 때문에 위험한 것이다. 이것은 어느 쪽에게도 득이 되지 않는다. 질투 대상과 자신의 차이를 냉정하게 분석해 자신에게 무엇이 부족한지 알았다면 약점을 보완하고 장점을 발전시키도록 노력해야 한다. 다른 사람에게는 없는 확고한 장점과 강점이 있는 사람은 다른 사람을 질투하는 빈도가 낮다.

자신만의 삶의 방식을 확립한다

누군가를 사랑하는 여성은 질투에 휩싸이기 쉽다. 자신이 호감을 느끼는 상대가 다른 사람을 좋아하면 그 사람에 대한 질투의 불길이 타오른다. 여기까지 가지 않더라도 상대방이 다른 사람과 일상적인 이야기를 나누는 것만으로도 안절부절못하기도 한다. 질투심을 없애기는 힘들겠지만 무언가를 질투한다는 것은 연애 상대나 다른 사람에 의해 자신의 인생이 휘둘린다는 의미라는 걸 알아야 한다. '그는 그, 나는 나'처럼 타인에 의해 좌지우지되지 않는 스스로의 삶의 방식을 확립하는 것이 중요하다.

235

질투심을 느끼는 것 자체는 나쁘다고 할 수 없지만 경우에 따라서는 상대방을 끌어내리는 행동으로 나타나기도 한다. 질투심을 잘 느끼는 사람은 자신의 능력을 향상하는 데 힘써서 '이것만은 단연 내가 최고'라고 자부할 수 있는 강점을 가지도록 노력해야 한다.

`Column` **질투와 독점욕**

사전에 따르면 질투란 '자신보다 좋은 처지에 있거나, 우월한 사람을 미워하고 시기하는 것, 혹은 자신이 사랑하는 사람이 다른 대상에 애정을 돌리게 될 경우 원망하고 시기하는 것'이라고 한다. 한편 독점욕은 '혼자 독차지하려는 심리'다. 질투는 독점욕으로 이어지기 쉬운데, 이는 자신뿐 아니라 상대방의 행동을 옭아매기 때문에 위험한 감정이다. 독점욕을 해소하려면 자신의 행동을 종이에 적어보고 그 행동을 했을 때 어떤 결과가 나오게 될지 예상해보는 것이 좋다. 그것이 상대방에게 피해를 주거나, 끌어내리는 행동이라면 그만하도록 제어해야 할 것이다.

차녀

의미 : 장녀 다음으로 태어난 두 번째 딸
유의어 : 둘째 딸
사용방법 : 차녀는 장녀를 라이벌로 생각한다

차녀에게 장녀는 견본이자 라이벌이다. 둘의 성격이 정반대일 때가 많다. 부모에게 장녀는 첫 번째 딸이라서 엄하게 교육하기 때문에 성실하고 야무지며 보수적인 성격으로 성장하는 데 반해 차녀는 장녀만큼 엄격하게 대하지 않는다. 때로는 자유방임주의라고 해도 좋을 정도의 교육 스타일을 취하기도 한다.

결과적으로 차녀는 주위의 시선이나 평가에 크게 신경 쓰지 않으며, 자유분방하고 주관이 확고해 자기 색깔이 분명한 여성으로 성장하는 경향이 있다. 소설이나 영화, 만화에 등장하는 차녀도 이런 성격으로 그려지는 경우가 많다.

취직하면 집을 떠나 독립하는 경우가 많다

차녀는 어릴 때 장녀를 견본으로 삼아 열심히 따르려고 한다. 옆에서 언니의 행동을 유심히 지켜보면서 장녀가 피아노를 배우면 자신도 배우려고 하고, 언니가 좋아하는 것을 자신도 따라 좋아하는 것이다.

같은 행동을 하면 항상 장녀와 비교를 당한다. 언니가 우수하면 열등감을 갖기 쉽다. 부모나 주변 사람들에게 "언니는 우수한데 이 아이는 그렇지 않네"라는 말을 듣기 때문에 서서히 장녀와는 다른 방향으로 나아가게 된다.

여자의 인간관계와 감정을 이해하는 핵심 키워드

자립심이 강해서 학교를 졸업하고 취직하면 집을 나가 독립하는 경우가 많다. 커뮤니케이션 능력이 탁월하고 인간관계도 원만해서 일에서나 연애에서나 성공할 가능성이 크다. 장녀만큼 부모의 보살핌을 받지 못하고 자랐기 때문에 부모에 대한 마음도 장녀에 비해 강하지 않다. 그런 탓에 본가를 거의 찾지 않는 사람도 있다.

장녀와 차녀의 성격은 정반대일 때가 많다. 차녀는 커뮤니케이션 능력이 탁월하고 인간관계도 원만해서 일과 사랑 모두에서 성공할 가능성이 크다.

참견

의미 : 관계없는 위치나 상황에서 의견을 말함
유의어 : 간섭 / 오지랖
장면 : 시어머니가 며느리의 집에 방문했을 때

'참견'이란 자신과 직접 관계가 없는 일에 의견을 말하는 것이다. 참견을 당하는 쪽은 전혀 즐겁지 않다. "남의 일에 참견할 시간이 있으면 먼저 자신의 일이나 걱정하시죠"라고 한마디하고 싶어진다. 하지만 참견을 하는 사람은 대개 윗사람일 때가 많다. 엄마, 시어머니, 직장 선배 등이 대표적이다.

단순히 걱정해주는 정도라면 괜찮겠지만 상대방을 자신의 뜻대로 움직이려는 의도를 가진 사람이 더 많다. 이런 사람은 자신의 의견이 무조건 옳다고 생각하기 때문에 '나는 당신과 생각이 다르다'라고 반론해도 소용없다.

누군가 참견을 해온다면 바로 반박하기보다는 먼저 충고를 해준 것에 대한 감사함을 표시하는 것이 좋다. 그것만으로도 상대방이 만족하는 경우가 많기 때문이다.

수시로 참견을 해오는 사람이 있다면 간단히 감사만 표시한다. 굳이 그 의견을 받아들이지 않아도 감사의 인사를 받는 것만으로 만족하는 사람이 많기 때문이다.

여자의 인간관계와 감정을 이해하는 핵심 키워드

참견쟁이

의미 : 실례가 될 만큼 쓸데없이 나서는 것
유의어 : 잔소리 / 참견 / 간섭 / 끼어드는 사람
사용방법 : 참견쟁이 아주머니에게 아무 말도 못 하고 있다

남의 일에 간섭하기를 좋아하는 사람은 어디에나 있다. 적당한 관심은 감사하지만 이것이 도가 지나치면 '성가신' 간섭이 되어 참견으로 느끼게 된다.

참견을 하는 사람에겐 '다 당신을 생각해서 이것저것 해주는 거야'라는 자기중심적인 심리가 깔려 있다. 상대방이 진심으로 원하는지 알려고 하지 않고, 본인이 그렇게 해주고 싶어서, 다른 사람이 그렇게 해주면 자신은 기쁘니까, 라고 생각하기 때문에 자신의 행동이 상대방을 불쾌하게 할 것이라고는 생각하지 못한다. 참견이나 간섭이 되지 않으려면 상대방이 정말 원하는지 의사를 확인해야 한다.

친절과 참견은 종이 한 장 차이다. 친절도 도가 지나치면 상대방은 참견으로 받아들이며, 본인이 해주고 싶어 하는 일이 상대방에게는 성가신 간섭이 되기도 한다.

출산 계획

의미 : 자녀가 없는 부부가 자주 듣는 질문
유의어 : "아이는 안 낳니?" / 빨리 손주 얼굴을 보고 싶다 / 아이를 낳아야 어른이다
사용방법 : "너희는 아직 아이가 없니?"

결혼 후 2~3년 후에 자주 듣는 질문은 출산 계획에 관한 질문이다. 상대방은 안부 인사로 이 말을 하는 경우도 있으므로 민감하게 반응하지 않도록 한다. 자녀에 관한 내용은 어디까지나 사적인 문제다. 어떤 말을 듣더라도 신경 쓸 필요는 없다. "아직 계획이 없다" "갖고 싶지 않다" 등등 분명하고 솔직하게 대답하는 것이 집요한 질문공세를 피할 수 있는 방법이다.

또한 친정과 시댁에서 '손자를 안겨 달라'는 요구에 시달리거나, 불임으로 고민중인 경우라면 죄책감이나 스트레스로 상처를 입기도 한다. 자신의 상황을 정확하게 전하기 힘들다면 '경제적인 기반을 마련하는 것이 먼저' '몸 상태가 불안해서 의사와 상담중' 등 상대방이 간섭할 수 없는 사항을 이유로 들어 언급을 회피하는 방법도 있다.

결혼 후 아이가 없는 것에 대해 의아하게 생각하는 사람이 별다른 의도 없이 질문하기도 하지만, 죄책감이나 스트레스를 유발하는 질문임을 명심하라.

ㄱ
ㄴ
ㄷ
ㄹ
ㅁ
ㅂ
ㅅ
ㅇ
ㅈ
ㅊ
ㅋ
ㅍ
ㅎ

여자의 인간관계와 감정을 이해하는 핵심 키워드

친구의 행복

의미 : 다양한 감정을 불러일으키는, 친구가 기뻐하는 모습
관련어 : 남의 떡이 더 커 보인다 / 선망 / 질투
장면 : 친구의 인생에 축하할 만한 일이 생겼을 때

기쁨은 나누면 2배, 3배가 된다. 사이좋은 친구 사이라면 더욱 그럴 것이다. 그런데 막상 이런 상황에 직면하면 진심으로 기뻐하지 못하는 자신을 발견할 때가 있다.

연인이 생겼다, 청혼을 받았다, 아이가 생겼다, 내 집을 장만했다, 막대한 유산을 받았다, 재능을 인정받았다 등 자신의 기쁨을 주체하지 못하고 소식을 알려오는 친구에게 "잘됐다. 축하해"라고 말하면서 얼굴에 경련이 생기거나, 표정이 가면처럼 굳어진다면 이는 질투를 느끼는 것이다. 혹은 그 친구를 진정한 친구로 생각하지 않기 때문일 수도 있다. 친구에게 기쁜 일이 생겼을 때 진심으로 축하해줄 수 있는 관계야말로 진정한 친구라고 할 수 있다.

질투에서 자책으로

이런 행동의 본심은 바로 이것이다. "부러워! 나보다 먼저 행복해지다니, 용납할 수 없어!" "말도 안 돼, 불공평해! 왜 내가 아닌 거지?"

한차례 질투 퍼레이드를 끝낸 다음에는 혼자만의 반성의 시간이 시작된다. 친구의 행복을 기뻐해주지 못한 자신이 견딜 수 없다. 한심하고 못난 내가 싫다. "그 친구가 이제 날 싫어하면 어쩌지?" "내일 만나면 뭐라고 말하지?" 같은 생각이 들면서 내가 싫어진다. 그렇다고 소중한 친구에게 질투를 느끼는 마음을 멈출 수가 없다. 상대방은 원하는 인생을 쌓아가고 있는데 자신은 아무것도 제대로 이룬 것이 없다. 질투심이 어느 정도 사그라들고 나면 친구의 행복을 진심으로 축하해주지 못하는 자신을 다시 자책하기 시작한다.

진심으로 축하해주는 방법

친구의 행복을 진심으로 축하하고 싶다면 자신의 생활(생각)을 풍족하게 만들어야 한다. 현재 상황에 만족해도 '남의 떡이 더 커 보인다'는 말처럼 사람 욕심은 끝이 없다. 정말 친구가 부럽다면 자신도 그 친구처럼 되기 위해 노력하면 된다. 부러워하기만 해서는 아무것도 달라지지 않는다.

또한 친한 친구라면 자랑하려는 의도가 아니라 여러분이 기뻐해줄 것이라고 기대하고 소식을 전했을 것이다. 그 마음을 생각하며 진심으로 축하해주도록 한다.

친구의 행복을 진심으로 기뻐하지 못하는 것은 질투 때문이다. 자신이 질투를 느끼는 부분이 무엇인지 생각해보고 진심으로 축하해줄 수 있도록 하자.

여자의 인간관계와 감정을 이해하는 핵심 키워드

친절함

의미 : 다른 사람을 배려하다
유의어 : 온화함 / 정이 많음 / 따뜻함 / 배려
사용방법 : 친구의 친절함에 감사하다

친절한 사람은 말투가 상냥하
고, 늘 미소를 지으며, 폭력적인 언
어는 사용하지 않는다는 공통점
이 있다. 이처럼 친절하고 붙임성
이 좋다고 해서 그 사람이 연약하
다고는 할 수 없다. 오히려 자아가
확고하고 자신감이 있기 때문에
다른 사람을 대할 때 여유가 있는

것이다. 이 여유는 미소와 친절, 배려로 표현된다. 때로는 상대방을 내버
려두는 것, 양심에 따라 쓴소리도 마다하지 않는 것 또한 친절함이다.

일반적으로 사람들이 생각하는 '친절한 여성'은 대표적으로 간호사, 유
치원 교사 등의 직업에 종사하는 여성이다. 이 직업들은 웃는 얼굴, 배려,
다른 사람을 돕는다는 이미지가 강하다. 한편 고마움이나 사과의 말을 솔
직하게 말하는 사람, 이야기에 귀를 기울여주는 여성을 친절하다고 느끼
는 경우도 많았다.

친절하다는 것은 타인을 배려하는 여유가 있다는 뜻이다. 그렇기 때문
에 때에 따라서는 단호한 태도를 취하기도 한다. 여성은 말투나 대화에서
친절함을 느끼는 경향이 나타난다.

244

칠칠맞지 못하다

의미 : 행동이나 성격이 야무지지 않다. 또는 그런 사람
유의어 : 태만함 / 번잡하고 성가심
장면 : 산처럼 쌓인 세탁물을 목격했을 때

칠칠맞지 못한 성격의 밑바탕에
는 '귀찮다'는 심리가 깔려 있다.
이것이 일상생활이나 일을 할 때
정리 정돈을 하지 않는 습관으로
이어지고, 인간관계에서는 시간
약속을 어기거나 한 가지 일을 오
래 지속하지 못하는 등의 행동으
로 나타난다.

이런 사람은 예상외로 상당히
신경질적인 면이 있다. 다른 사람의 반응을 과도하게 신경 쓰거나, 상대
방의 말이나 행동에 예민해지기도 한다. 이 때문에 머릿속은 생각으로
가득 차 있으며, 생각의 연쇄작용으로 유발되는 여러 부정적인 감정에
빠져 수습이 불가능한 상태에 이른다. 즉 지나친 생각으로 심신이 모두
녹초가 되어버린 것이다.

피로에 찌든 상태에서는 당연히 모든 것을 포기하고 싶어진다. 그러
면서도 마음속으로는 스스로를 자책한다. 이런 이유로 몸을 움직이지
않는 상태가 다른 사람의 눈에는 칠칠맞지 못하게 보이는 것이다.

단 한 가지라도 즐거운 일을 찾아서 그 일을 통해 만족감과 같은 긍
정적인 감정을 느끼는 것부터 시작해보자.

칭찬

의미 : 상대방을 호의적으로 평가하는 행위
유의어 : 칭송 / 감탄 / 추켜세움
장면 : 축하할 일이 있을 때 / 상대방에게 호의를 전하고 싶을 때

누군가에게 호감을 주고 싶다면 그 사람을 칭찬하면 된다. 사람은 자신에게 호의를 보이거나, 자신을 높이 평가해주는 사람에게 호감을 느끼는 경향이 있다. 심리학에서 말하는 '호의의 반보성'이 작용하기 때문이다. 하지만 상대방이 스스로를 비하하거나, 자기평가가 낮은 사람을 대할 때는 이 방법이 통하지 않는다. 또한 싫어하는 사람이 칭찬을 해오면 아부를 한다고 해석해 '이 사람은 내 환심을 사려고 한다'며 더욱 경계하게 된다.

이런 상대에게는 친구나 지인을 통해 칭찬이 전달되는 '간접화법'이 효과적이다. 친구에게 "○○씨가 '능력 있는 사람'이라고 칭찬하더라"라는 말을 전해 듣게 하는 방법이다. 본인이 직접 듣는 것보다 제3자를 통해 듣는 쪽이 신뢰도가 높다.

상대방의 호감을 사고 싶다면 상대방을 칭찬하자. 이 방법이 어려울 때는 친구나 지인을 통해 "○○씨가 칭찬하더라"라며 간접적으로 전해 듣도록 한다.

커리어우먼

의미 : 커리어를 갖고 있는 여성, 즉 직업이 있는 여성
유의어 : 직장인 여성 / 여성 회사원
장소 : 직장 / 거리

　과거엔 사무실에서 여성은 대개 보조적인 업무가 중심이었고 '사무실의 꽃'으로 여겨져서, 결혼하면 퇴직하는 것이 불문율이었다. 하지만 현재 직장에서는 일반직, 관리직, 계약직 사원, 파견사원, 파트타임 등 여성들의 지위도 다양하다. 그래서 이전에 비해 일하는 여성들의 사고방식도 훨씬 다양해졌고 그 인간관계도 천차만별이다.

　직장은 하루의 대부분을 보내는 장소다. 그러므로 같은 직장에서 일하는 여성들끼리 원만한 관계를 만들어가는 것이 중요하다.

　오늘날에는 여성들의 지위나 업무형태가 천차만별이다. 인간관계가 일에 악영향을 준다면 재빨리 거리를 두어 원만한 관계를 맺을 수 있도록 한다.

점심시간

콤플렉스

의미 : 다른 사람과 비교했을 때 자신이 뒤처진다고 느끼는 것
유의어 : 열등감 / 자신이 싫어하는 부분
사용방법 : "나는 다리가 굵은 게 콤플렉스야"

본래는 '복합, 합성'을 의미하는 영어이지만, '기억과 감정의 복합체'라는 의미로 심리학자 융이 제창한 용어다. 아들러(Adler) 심리학에서는 열등감을 이유로 인생의 과제로부터 도망치는 것을 '열등감 콤플렉스'라고 하는데, '열등감' 그 자체를 콤플렉스라고 말할 때가 많다.

여성들은 주로 체형, 체중, 피부, 머릿결 등 외모에 관련된 부분들을 콤플렉스로 꼽는다. 아름답게 보이고 싶다는 것은 여성의 자연스러운 감정이지만 미운 부분에 집중하면 마음에 들지 않는 부분이 끝도 없이 나올 것이다. 제3자의 의견을 참고로 해 객관적으로 판단하는 동시에 같은 콤플렉스를 극복한 사람을 따라하거나, 자신이 좋아하는 부분에 주목하는 등을 통해 자존감을 높여가도록 해야 한다.

여성은 자신의 외모에 열등감을 느끼는 경우가 많다. 근본적인 요인인 낮은 자존감을 개선하지 않는 한, 새로운 콤플렉스가 끝없이 발견될 것이다.

콧소리

의미 : 상대방의 마음에 들기 위해 아양 떠는 목소리
유의어 : 어리광 / 코맹맹이 소리 / 흑심 / 가식적인 태도
장면 : 뭔가 부탁할 것이 있을 때

콧소리에는 여러 해석이 있는데 일반적으로는 보통 때는 내지 않는 상냥하고 애교 섞인 목소리를 가리킨다. 본래 목소리가 아닌 소리를 내면 그 속에 뭔가 의도가 담겨 있다고 생각하는 것이 당연하다. 실제로 여성이 콧소리를 낼 때는 '상대방의 마음에 들고 싶다' '부탁이 있다' '응석 부리고 싶다' '상대방의 분노를 진정시키고 싶다' 등의 뉘앙스가 담겨 있다.

연인 등에게 애정표현으로 이런 소리를 낸다면 그다지 부자연스럽게 느껴지지는 않을 것이다. 하지만 단순히 자신의 이익을 얻기 위해 콧소리를 내는 사람도 있다. 옆에서 이 모습을 지켜보는 사람은 당연히 나쁜 인상을 받는다. 이 방법을 자주 사용하면 '내숭쟁이'라는 낙인이 찍힌다.

콧소리에는 자신이 원하는 것을 얻으려는 꿍꿍이가 숨어 있다. 지나치게 사용하면 역효과를 가져오므로 주의해야 한다.

점장니~임
그만
들어가도
될까요~옹?

지쳤어요~

249

여자의 인간관계와 감정을 이해하는 핵심 키워드

크리스마스

의미 : 소중한 사람과 보내는 연말 이벤트
유의어 : 성탄절
장소 : 커플들이 많이 찾는 장소

사람들에게 '크리스마스'란 소중한 사람과 보내는 연말 이벤트로 정착되었다. 거리 전체가 아름다운 조명으로 장식되며 백화점이나 음식점도 설레는 크리스마스 분위기로 꾸며진다.

연인이나 사랑하는 가족과 보낼 수 있다면 이보다 즐거운 시간도 없을 것이다. 하지만 온 세상이 이런 크리스마스 분위기로 들떠 있을 때 혼자 시간을 보내야 하는 사람에게는 크리스마스가 고통 그 자체로 느껴지기도 한다.

굳이 거리로 나갈 필요는 없다

크리스마스가 고통스럽게 느껴지는 이유는 사람들이 많이 모이는 장소에서 당신만 혼자라고 느껴지기 때문이다. 하지만 크리스마스를 혼자 보내는 사람은 결코 적지 않다. 즉 솔로라고 해서 반드시 고독한 것은 아니라는 이야기다. 자신과 비슷한 상황의 여성들과 크리스마스 파티를 열어 함께한다면 서로 푸념을 공유하며 열등감을 느끼지 않고 즐거운 시간을 보낼 수 있을 것이다.

다만 모임 장소를 고를 때는 주의하자. 커플이 많이 찾는 레스토랑이나 야경이 아름다운 곳을 피해서 참석자들이 맘껏 즐길 수 있는 곳을 추천한다. 또한 굳이 번화가에 나갈 필요도 없다. 누군가의 집으로 각자 싸온 음식을 들고 모이면 된다. 이때 자존심이나 겉치레 없이 편안하게 만날 수 있는 친구는 평생의 보물이 될 것이다.

1년에 한 번, 자신에게 상을 주는 날로 삼는다

크리스마스를 1년에 한 번 자신만을 위해 보내는 방법도 있다. 크리스마스 시즌은 연말이기도 하다. 서양의 종교 행사에 연연하지 말고 연말이라는 의미로만 받아들여 방을 대청소하거나, 평소에 잘 먹지 못했던 비싼 음식을 마음껏 먹는 시간으로 정해보는 것도 좋다.

크리스마스를 보내는 방법은 다양하다. 고독을 느낀다면 그 감정을 공유할 수 있는 동성의 동지들과 친분을 쌓거나, 자신에게 보상을 줄 수도 있는 좋은 기회다.

여자의 인간관계와 감정을 이해하는 핵심 키워드

패션

의미 : 옷이나 미용, 행동 등의 양식
유의어 : 유행 / 풍조 / 트렌드
사용방법 : 80년대 패션 같다

패션이나 유행에 민감한 사람은 다른 사람에게 쉽게 영향을 받는 타인지향형일 가능성이 크다. '타인지향형'이란 평소 패션 피플이나 인플루언서 그리고 주위 사람들의 말과 행동에 관심이 많으며, 그들의 의견과 취향, 유행을 따르려고 애쓰는 사람을 말한다.

미국의 심리학자 밀그램(Stanley Milgram)이 뉴욕에서 실시한 실험에서는 3명의 실험자가 특정 건물을 올려다보며 지나쳤을 때 지나가는 사람 중 60퍼센트가 자리에 멈춰서 그들이 바라봤던 건물을 올려다봤다. 그런 다음 6명의 실험자가 건물을 올려다보자 80퍼센트가 동일한 행동을 했다. 실험자가 많을수록 동일한 행동을 하는 사람이 늘어난 것이다. 이처럼 타인지향형 사람은 주위 사람의 의견에 휘둘리기 쉽다. 그러므로 뭔가를 할 때는 냉정하게 생각하는 시간을 가져야 한다.

패션은 여성의 주요 관심사 중 하나지만 타인지향형인 사람은 유행에 지나치게 신경 쓰는 경향이 있으므로 의식적으로 냉정해지려고 노력해야 한다.

패션 피플

의미 : 패션업계에서 유행이나 트렌드를 생산하는 힘이나 영향력을 가진 사람
유의어 : 인플루언서 / 영향력 있는 사람 / 오피니언 리더
장면 : 학교에서 눈에 띄는 여자 / 인스타그램 등 SNS

ㄱ ㄴ ㄷ ㄹ ㅁ ㅂ ㅅ ㅇ ㅈ ㅊ ㅋ **ㅍ** ㅎ

패션 피플은 유행이나 트렌드를 창출하는 사람이다. 패션업계뿐 아니라 액세서리나 미용, 음악과 문화에 이르기까지 막대한 영향을 가지는 사례도 있다. SNS만으로도 많은 사람들이 관심을 가져서 여기에 등장한 상품이나 서비스가 순식간에 동이 나기도 한다. 이런 영향력을 가진 사람을 '인플루언서'라고 한다.

패션 피플 중에는 개성적인 사람이 많다. 평범함을 거부하는 기질을 '독창성에 대한 욕구'라고 하는데, 패션 피플은 이 독창성을 중요하게 생각한다. 미국의 심리학자 클러치 필드라의 성격 분류에 따르면, 남의 시선을 끄는 것을 좋아하는 사람은 '개성적이다'라거나 '독창적이다'라는 평가를 칭찬으로 받아들인다고 한다. 자신을 정확하게 표현하는 단어라고 생각하는 것이다.

유행이나 트렌드를 창출하는 패션 피플 중에는 개성적인 사람이 많은데, 이들은 다른 사람과 차별화하려는 욕구를 중요하게 생각한다.

좋아요가 10만은 되겠지…

여자의 인간관계와 감정을 이해하는 핵심 키워드

폄하

의미 : 타인을 낮게 평가하는 것
유의어 : 혹평 / 가혹한 비평 / 나쁘게 말함
장면 : 다른 사람보다 자신이 우월하다고 생각하고 싶을 때

　항상 다른 사람을 폄하하는 사람의 대다수는 어린 시절 자신을 양육했던 어른에게 자주 야단을 맞고 비난받는 환경 속에서 자랐을 가능성이 크다. 그렇기에 자존감이 낮으며, 타인을 폄하하는 것이 당연하다고 학습된 것이다. 타인을 공격하는 언어와 행동이 자신감의 표현이라고 생각할 수도 있겠지만 타인을 경시하고 존중하지 않는다는 점에서 그것은 진정한 자신감으로 볼 수 없다. 자신을 혼내고 야단친 어른들의 사고방식을 그대로 받아들여 자신의 평가 방법으로 삼았기 때문이다. 오히려 주위 사람들을 폄하함으로써 우월감을 얻는 것이라고 봐야 한다. 타인을 경멸해야 마음이 놓이는 사람은 자신보다 상대가 위로 올라가는 것은 물론 동등한 위치임을 인정하는 것조차 두려워하기 때문이다.

　타인을 폄하하는 사람은 부모에게 자주 혼나고 야단맞는 환경에서 성장했을 가능성이 있다. 왜 다른 사람을 비난해야만 만족스러운지 그 원인을 찾아 오래전 기억까지 거슬러 올라가보는 것이 개선을 향한 첫걸음이다.

포토샵 앱

의미 : 스마트폰 등에서 촬영한 사진을 직접 보정할 수 있는 애플리케이션
유의어 : 사진 보정 앱
사용방법 : 포토샵 앱으로 다른 사람이 되다

ㄱ
ㄴ
ㄷ
ㄹ
ㅁ
ㅂ
ㅅ
ㅇ
ㅈ
ㅊ
ㅋ
ㅍ
ㅎ

인스타그램이나 페이스북에서 친구의 사진을 보다 보면 '아니! 누구지?'라는 생각이 들 때가 많다. 그중에서도 포토샵 앱으로 보정한 셀카 (셀프 카메라의 줄임말, 자신의 사진을 스스로 찍는 것) 사진은 피부가 깨끗해지고 눈이 커지는 등 다른 사람처럼 보이기도 한다. 일반 사진에 만족하지 못하고 자신을 찍은 사진을 앱을 통해 수정·보완한 후에 친구에게 보내거나 SNS에 올린다. 친구들과 사진을 찍을 때 앱을 사용하지 않는 촬영은 거부한다면 포토샵 앱에 대한 의존도가 크다고 할 수 있다.

정도가 과하지 않다면 괜찮지만 지나치게 위화감을 주는 사진은 부정적인 이미지를 주게 되므로 오히려 손해다.

과도한 보정 사진은 부정적인 인상을 주기도 한다. 보정을 거친 자신의 모습에 비로소 만족한다면 포토샵 앱 중독증을 의심해야 한다.

여자의 인간관계와 감정을 이해하는 핵심 키워드

푸념

의미 : 고민이나 불안을 늘어놓음
유의어 : 불평불만 / 고민거리
장면 : 스스럼없이 친한 여성끼리 모였을 때

고민이나 불안을 이야기하고 그것을 누군가가 공감해주면 스트레스가 줄어들기도 한다. 엄마 모임의 주제로 푸념이 많은 데는 이런 이유가 있다. 따라서 서로의 푸념을 나눌 수 있는 여성들은 그만큼 친분이 깊다는 의미다. 젊은 여성이라면 일과 연애에 관련한 고민이 많고, 연령이 높아지면 결혼·출산·고부문제·부부관계에 관련한 문제나, 건강문제 등이 더해진다. 푸념을 나눌 때 부담스럽지 않다면 상대의 이야기를 끝까지 들어주자.

의견을 말하고 싶다면 그 후에 하는 편이 효과적이다. 도중에 말을 끊고 끼어들거나, 부정해서는 안 된다. 푸념을 하는 쪽은 말하는 것만으로도 고민의 절반 정도가 해소된다. 나머지 절반은 그 사람이 가장 고민하는 부분이 무엇인지에 대한 질문을 하면 저절로 해결될 것이다. 상대의 질문에 대답하는 과정에서 스스로 문제의 본질을 깨달아 해소될 때가 많기 때문이다.

친구가 푸념을 시작하면 일단 끝까지 들어주는 편이 좋다. 다만 '항상' 푸념만 들어주는 관계가 되지 않도록 주의해야 한다.

그만둘 수 없어
멈출 수 없어 ♪

피부관리숍

의미 : 마사지나 피부관리 등 전신의 피부 미용을 해주는 가게
유의어 : 피부숍
사용방법 : 피부관리숍에 다니는 것으로 착각했어

젊어지고 싶다, 언제나 아름답고 싶다는 여성의 바람에 부응해 피부 관리 서비스가 생겨났다. 젊을 때는 젊다는 것만으로 주위 사람들의 관심을 받지만 나이가 들수록 외모는 시들어간다. 노화는 누구에게나 찾아와서 어느새 '할머니'라는 명칭으로 불리게 된다. 피부관리는 주름이 하나라도 적은 현재 자신의 모습을 유지하고 싶다거나 예전의 아름다운 나를 되찾아 인정받고 싶다는 여성들의 희망을 이루어주는 곳으로 정서적 안정의 효과도 기대할 수 있다. 또한 결혼식과 같은 특별한 날을 위해 피부관리숍을 찾는 사람도 있다.

시술 후 아름다워진 자신을 보면 스트레스도 해소되고 심리적으로 충만감이 드는 것은 사실이다. 피부관리숍은 그야말로 행복한 순간을 선물해주는 공간이다. 다만 아름다워지고 싶은 욕심에는 끝이 없으므로 현재의 자신을 받아들이는 마음도 필요하다.

피부관리에는 정서적 안정을 주는 효과도 있어 심신의 건강을 유지하는 데 도움이 된다고 한다. 다만 노화는 누구에게나 찾아오는 것이다. 노화를 받아들이는 마음가짐과 여유도 중요하다.

여자의 인간관계와 감정을 이해하는 핵심 키워드

행복

의미 : 자신에게 주어진 행운에 충만한 만족과 기쁨을 느끼는 것
유의어 : 행복 / 해피 / 환희 / 기쁨 / 희열 / 쾌감
사용방법 : 요즘은 행복을 느낄 일이 없다

행복은 생활과 인생 전반에 충족감·만족감을 느끼는 단계부터 사소하게 생겨나는 좋은 일로 기쁨을 느끼는 단계까지 다양한 형태로 나타난다. 취직·결혼·출산 등 인생의 관문이라 여겨지는 것들을 통과할 때면 일시적인 행복감을 느낄 수 있다.

행복의 척도는 주관적이기에 똑같은 상황에서도 행복을 느끼는 사람이 있고 그렇지 않은 사람도 있다. 타인의 눈에는 힘든 상황처럼 보여도 행복한 사람이 있고, 풍족한 환경에 있으면서 불행한 사람도 있다.

대개 자존감이 낮은 여성은 금전적으로 안정적이어도 심리적으로는 행복함을 느끼지 못한다. 자존감이 낮으면 좋은 환경이나 상황을 있는 그대로 받아들이지 못하고 오히려 불안해하기도 한다. 자신은 불행한 상황이 더 잘 어울린다는 생각에 무의식적으로 불행해질 수 있는 선택을 하기도 한다. 자존감이 높다고 해서 그것이 곧바로 행복으로 직결되는 것은 아니지만 자존감이 높으면 행복해지려고 노력하게 된다.

자존감이 낮으면 조언이나 충고를 받아들이지 못한다

자존감이란 자신의 인생에서 자신을 얼마나 인정하고 있는지를 나타내는 것이다. 사회적인 성공이나 명성이 반드시 행복과 직결된다고는 할 수 없다.

자존감이 높은 사람은 자신을 진심으로 인정하기 때문에 다른 사람에게도 너그럽다. 그래서 다른 사람의 의견이나 충고에도 귀를 기울일 수 있는 여유가 있다. 반면 자존감이 낮은 사람은 스스로에게 자신감이 없지만 그

것을 인정하려고 하지 않기 때문에 다른 사람의 충고나 의견을 거부하려는 경향이 강하다. 한편 자존감이 낮으면서 타인 의존도가 높은 사람은 주위 사람들에게 휩쓸려 꼭두각시처럼 행동하는 경향이 있다.

자존감이 높은 여성은 작은 일에도 쉽게 행복을 느끼지만, 자존감이 낮은 여성은 꽤 풍족한 환경 속에서도 자신이 불행하다고 생각한다. 외부적인 환경 탓을 하기보다는 스스로 자기평가를 높이려는 노력을 해야 한다.

Column   **타인중심과 자기중심**

'자기중심 심리학'에서는 자신의 기분이나 감각보다 외부(타인)를 기준으로 삼는 사고방식을 '타인중심'이라고 한다. 주위 사람들의 눈을 항상 의식하거나, 상대방의 안색을 살피는 등 타인 또는 사회의 가치관을 기준으로 해 모든 것을 판단하는 것이다. 반면 자신을 기준으로 자신의 기분이나 욕구, 감정을 중요하게 생각하는 사고방식을 '자기중심'이라고 한다.

여자의 인간관계와 감정을 이해하는 핵심 키워드

허영심

의미 : 자신의 능력 이상으로 보이고 싶어 허세를 부리는 것
유의어 : 허세 / 겉치레
사용방법 : 허영심이 강하다는 말을 자주 듣는다

허영심이란 실제의 자기 자신보다 그 이상으로 멋져 보이고 싶은 심리다. 사람은 주위 사람들에게 인정을 받음으로써 자신감을 얻고, 있는 그대로의 자신을 인정하게 된다. 하지만 허영심이 강한 사람은 허세를 부리는 방법으로만 자존감을 얻을 수 있다. 이 때문에 거짓말이나 사기로 자신을 위장해 잘 보이려고 하기도 한다.

묻지도 않았는데 남편의 사회적 지위나 자녀의 성적을 먼저 자랑하거나, 소득에 맞지 않는 명품으로 온몸을 감싸는 사람도 허영심이 강하다고 할 수 있다. 이런 사람은 다른 사람보다 자신이 우위에 있다는 우월감을 가지고 그들의 중심에 있는 본인을 대단한 존재라고 인식한다. 하지만 그것으로도 만족하지 못해서 더 멋진 자신을 연출하기 위한 노력을 더해간다. 그 결과 문제는 더욱 심각해진다.

일반적으로 거짓말을 하거나 계속해서 허세를 부리면 스트레스가 쌓이지만, 허영심이 강한 사람은 거짓말이나 허세에 대한 문제의식이 희박하기 때문에 죄책감을 거의 느끼지 않는다.

헌신적

의미 : 다른 사람을 보살피는 일에 수고를 아끼지 않음
유의어 : 남의 일을 잘 봐줌 / 세심한 / 가려운 곳을 긁어줌
사용방법 : "그녀는 누구에게나 헌신적이다"

어떤 무리나 집단이든 다른 사람들에게 헌신적인 사람이 있다. 이들은 실질적으로 신입교육을 맡아 규칙과 질서, 관례, 규범 등을 친절하게 가르쳐준다. 신입사원에게는 의지가 되는 존재다.

대개 헌신적인 사람은 다른 사람의 이야기를 잘 들어준다. 대부분 자신의 이야기를 잘 들어주는 사람에게 마음을 여는 경향이 있다.

의식적이든 무의식적이든 상대방의 말을 부정하지 않고 상대방의 입장에서 귀를 기울이는 사람은 공감능력도 높다. 이런 능력을 잘 활용해 상대방의 이야기에 귀 기울이며 고개를 끄덕이거나 맞장구를 친다면 상대방 입장에서는 '나를 진심으로 받아준다'고 느껴서 신뢰감과 호감도가 수직 상승할 것이다.

여자의 인간관계와 감정을 이해하는 핵심 키워드

헌신적인 성향의 사람은 대체로 다른 사람의 이야기를 잘 들어준다. 상대방의 말을 부정하지 않고, 상대방의 입장에서 귀를 기울일 수 있는 것은 공감능력이 높기 때문이다.

`Column` **남을 돕는 심리**

많은 사람이 봉사활동에 참가하거나 모금을 하는 등 어려움에 처한 사람을 도우려고 한다. 이때 어떤 심리가 작용하는 것일까. 사회학자 앨빈 굴드너(Alvin Ward Gouldner)는 어려움에 처한 사람을 도와주면 미래에 자신이 곤란할 때도 도움을 받을 수 있을 것이라는 생각에 도움을 주는 것이라고 말한다(호혜성의 원리). 그 외에도 가정이나 교육기관에서 이루어지는 다른 사람을 돕는 행위에 대한 교육을 통해 신뢰와 책임을 배운다는 사회학습이론, 다른 사람을 돕는 원조행동으로 발생하는 비용보다 자신이 얻는 심리적 보수가 상대적으로 크다고 느끼는 교환이론 등도 들 수 있다. 남을 돕는 행위 뒤에는 이런 다양한 심리가 작용하고 있는 것이다.

형식적인 웃음

의미 : 다른 사람의 기분을 맞추기 위한 웃음
유의어 : 예의상의 웃음 / 가식적인 웃음
장면 : 직장 / 학교 / 친구관계

본래 웃음은 기쁘고 즐거울 때 나타나는 긍정적인 감정표현이지만 형식적인 웃음은 자신의 본심과 상관없이 그 자리의 분위기를 맞추고, 상대방의 기분이 상하지 않도록 즐거운 척한다는 부정적인 뉘앙스를 내포하고 있다.

형식적인 웃음에는 다음과 같은 심리가 숨어 있다.

- 상대방에게 미움을 받고 싶지 않다
- 상대방에게 잘 보이고 싶다
- 그 자리를 벗어나고 싶다
- 인간관계를 원활히 하고 싶다
- 이성에게 호감을 주고 싶다

형식적인 웃음은 누구나 경험한 적 있는 일상적 행위이며, 인간관계를 구축하는 데 있어 중요한 커뮤니케이션이라고도 할 수 있다. 직장에서 형식적 웃음이 필요한 순간은 많다.

상사의 시시한 농담에 웃음으로 답하면 분위기가 좋아지고 일도 순조롭게 진행된다. 대화 도중에 상대방이 공감을 요구하면 '그건 아닌데'라고 생각해도 "맞아요~"라며 살짝 웃어주면 점심시간도 무사히 넘어갈 수 있다. 맞선이나 소개팅을 할 때도 웃는 모습이 예쁜 사람에게 호감을 느끼는 이들이 많으므로 이 형식적 웃음을 잘 구사하면 상대방에게 좋은 첫인상을 남길 확률도 높아진다.

형식적인 웃음은 스트레스의 원인이 되기도 한다

형식적인 웃음이 인간관계의 윤활제가 되기도 하지만 자신의 본심과는 다른 '즐거운 척, 공감하는 척' 하는 식의 웃음을 계속 짓다 보면 자신도 모르는 사이에 스트레스가 쌓이기도 한다. 인간관계에 지쳤다고 느끼는 사람은 이러한 형식적 웃음에 진절머리가 난 것일 수도 있다. 때로는 다른 사람에게 맞춰주기만 하는 '좋은 사람'에서 벗어나 진정한 자기 자신의 모습으로 돌아오는 시간도 필요하다.

남성보다 여성이 형식적 웃음을 짓는 빈도가 많다고 한다. 마음이 비명을 지르기 전에 자신의 진짜 마음과 마주해보자.

자연적인 표정	인위적인 표정
좌우 대칭	좌우 비대칭
뺨이 위로 올라간다	눈 주변의 움직임이 없다
눈꼬리에 작은 주름이 생긴다	얼굴의 왼쪽 부분에 웃는 표정이 강하게 나타난다
얼굴 한쪽 면에 감정이 강하게 드러나지 않는다	갑자기, 진지한 표정으로 바뀐다

와아, 대단하네요
하하하

인기가 많은 것도
너무 힘들어

홈파티

의미 : 자택에 초대해 요리를 대접하는 것
유의어 : 초대 / 대접 / 접대 / 환대
사용방법 : "홈파티에 초대를 받았는데 뭘 가지고 가야 하지?"

홈파티를 주최하거나 술모임 회장을 맡는 여성은 3가지 부류로 나눌 수 있다. 첫 번째는 자존감이 높고, 헌신적인 성격의 소유자인 동시에 리더십이 강한 유형이다. 정력적으로 행동하기 때문에 귀찮고 번거로운 일, 사소한 실수를 신경 쓰지 않는다. 자신감이 넘치며, 불안이나 긴장을 즐기는 여유도 있어서 연설이나 공연에도 탁월한 능력을 보여준다. 다른 사람을 대접하는 것을 좋아해서 이런 여성이 주최하는 홈파티는 분위기가 밝고 즐겁기 때문에 손님(참석자)도 만족감이 크다.

두 번째는 자신이 계급에서 최상위에 있음을 확인하기 위해 홈파티나 술모임을 여는 유형이다. 손님을 초대해 대접하기보다는 자신보다 아래에 있는 사람들을 불러서 그들의 행동을 통해 자신의 지위를 확인하며 안도하려는 의도가 노골적으로 드러나므로 참석자도 마음 편하게 즐기지 못한다.

많은 사람들과 어울리는 것을 즐기는 사람

세 번째는 많은 사람들과 어울리는 것을 좋아해서 홈파티나 술자리를 빈번하게 가지는 유형이다. 외로움을 많이 타서 혼자나 소수의 사람과 함께 있는 것을 견디지 못한다.

파티 사진을 대량으로 SNS에 올리며, 친구가 많아 고독하지 않다는 사실을 주변 사람들과 스스로에게 강조한다. 손님들이 만족하지 않으면 다음 모임에 영향이 미치므로 파티가 원활하게 진행되도록 노력하지만 파티 자체를 즐기지 않으므로 겉도는 느낌을 주기도 한다.

여자의 인간관계와 감정을 이해하는 핵심 키워드

홈파티에 참석함으로써 함께 자리한 사람과의 관계가 밀접해지는 등의 장점도 있다. 외식과는 달리 상대방의 가정 분위기 등도 알 수 있으므로 더 깊은 관계로 발전할 수 있다. 또한 시간적인 제약 없이 편안하게 교류할 수 있다는 장점도 있다.

홈파티의 장점을 잘 활용해 대인관계의 폭을 넓히도록 한다.

<Column> 헤일로 효과

'헤일로 효과'란 사회심리학 용어다. 특정 인물이나 사물을 평가할 때 눈에 띄는 두드러진 특징 혹은 열등한 특징이 그 대상의 다른 세부적인 요소를 평가할 때도 영향을 미치는 현상을 말한다. 그 특징이 긍정적일 때는 좋은 방향으로, 부정적일 때는 나쁜 방향으로 영향을 받는다. 그러므로 '고급 양복을 입고 있으니까 일도 잘하겠지'라는 식으로 사물을 한 방향으로만 보지 않도록 주의해야 한다.

화려함

의미 : 행동이나 의상, 화장이 요란해 눈에 띄는 것
유의어 : 강렬함 / 요란함 / 번쩍거림 / 자극적임
사용방법 : "와, 옷차림이 무척 화려하네요"

화려한 차림을 좋아하는 사람은 대부분 스스로에게 자신감이 있는 유형과 반대로 자신감이 없는 유형으로 분류할 수 있다.

스스로에게 자신감이 넘쳐서 화려한 차림을 하는 사람은 이런 모습이 자신과 어울린다고 생각한다. 정말 어울리는지는 자신을 객관화할 수 있느냐에 달려 있다.

자신감이 없어서 화려한 차림을 하는 사람은 의식적이든 무의식적이든 화려한 차림을 초라한 자신을 숨기기 위한 도구로 이용하고 있다. 기분 전환을 위한 수단 정도라면 괜찮지만 지나치게 의존하면 화려한 겉모습이 주는 이미지 때문에 억지스러운 말 또는 행동을 하기도 한다.

주목받는 것이 기분 좋을 수도 있지만 빈축을 사게 되는 등의 위험도 따른다. 너무 화려하지는 않은지 자신을 객관화해 바라볼 수 있도록 하자.

평상복이에요

267

후배

의미 : 학교나 직장, 동아리 등에서 나중에 들어온 사람
유의어 : 후학 / 연하 / 부하
장면 : 학교, 직장 등 상하관계가 생기는 곳

직장 등에서 후배가 생겼을 때 주의해야 할 사항이 몇 가지 있다.

하나는 후배는 자신보다 모르는 것이 많다고 생각해야 하는 것이다. 당연히 알아야 할 매너나 상식, 경어사용법, 인사법은 물론 사회인으로서의 기본적인 지식조차 모르는 경우도 있다. 사회인이란 휴일을 제외한 나머지 날들은 매일 출근해야 한다는 것, 지각을 하면 안 된다는 것, 결근을 할 때는 반드시 연락을 해야 한다는 것, 상사의 지적을 불쾌하게 생각하면 안된다는 것 등 기본 중의 기본부터 가르쳐야 하는 사람도 있다.

후배를 교육할 때는 '이렇게 하면 안 된다'라고 가르치는 것뿐 아니라 '왜' 그렇게 하면 안 되는지 이유까지 설명해주는 편이 좋다. 이유를 숙지하면 이해가 빨라져서 다른 상황이나 과제에도 응용할 수 있게 된다.

자존심이 세거나 자존감이 높을 경우

또한 자존심이나 자존감이 높은 후배는 실패나 실수를 하더라도 호되게 질책하지 않는 편이 좋다. 자존감에 상처를 입으면 충격을 받아 회복하는 데 시간이 걸리거나, 토라져서 직장을 그만두거나 하는 등의 부정적인 결과를 초래할 가능성이 크다. 실패나 실수를 방지하는 방법, 주위 사람들의 도움을 받는 방법 등을 차근차근 친절하게 설명해주어야 한다. 실패나 실수를 만회하려고 한 노력이나 시도가 다소 미흡하더라도 크게 칭찬하는 것이 좋다.

한편 후배의 입장에서는 선배에게 주의를 들었을 때는 반발하기보다는 이야기를 새겨들어야 한다. 좋은 관계를 유지하고 있는 선배의 충고라면

그것은 적절한 의견일 것이다. 자신을 위해서 해준 말이라고 생각해야 한다.

여성은 '키우는 행위'에 능력이 있는 사람이 많다. 그러므로 후배가 어떤 실수를 하더라도 의욕을 보이는 상황이라면 그 용기를 인정하고 적극적으로 도와준다. 하지만 선배와 거리를 두고 "혼자 해보겠습니다"라며 마음을 열지 않는 상황이라면 이러한 선후배 관계는 원만하지 않을 것이다.

한편 후배가 잘 아는 부분도 있다. SNS나 인터넷 커뮤니티 등 최신 정보에 능통할 수도 있다. 좋은 관계를 구축하면 정보 공유를 하며 서로에게 도움을 줄 수 있다.

후배는 아무것도 모른다는 자세로 대한다. 호되게 질책하는 것은 금물이다. 후배는 선배의 주의를 자신을 위한 충고라고 생각하고 감사하는 마음을 갖는다.

여자의 인간관계와 감정을 이해하는 핵심 키워드

3장은 실전편이다. 많은 사람들이 안고 있는 여자
와의 인간관계에 관한 고민을 구체적으로 해소해
가겠다. '자꾸 시비를 거는 여성' '만나고 싶지 않은
아이의 친구 엄마' '참견하는 엄마' '여자들의 모임'
등 상대 여성의 유형이나 그때그때 상황에 맞는 대
처방법을 해설해가기로 한다.

3장

여자의
인간관계 고민,
이럴 땐 이렇게 해결하라

질투하며 시비를 거는 사람

'싸움이 되지 않는다'는 사실을 알면 알아서 떠난다

사사건건 시비를 걸어오며 상대방보다 우위에 서려는 사람은 어디에나 있는 법이다. 그런 사람은 사실 있는 그대로의 자신에게 만족하지 못하기 때문에 다른 사람과의 비교를 통해 자신의 가치를 확인하려는 것이다. 경제적인 풍요로움이나 패션센스, 사회적 지위 등 눈에 보이는 표면적인 부분에서 우위를 차지함으로써 내면적인 슬픔이나 불안, 허무함에서 잠시 벗어나 근근이 자신을 지탱하는 것이다.

그러다 보니 본인도 모르는 사이에 다른 사람과의 경쟁이 인생 자체가 되고 만다. 그래서 늘 자신과 승부를 겨룰 상대를 찾고 있다. 그렇기에 애초에 싸움이 되지 않는다는 사실을 아는 사람에게는 접근하지 않는다.

여러분이 해야 할 일은 무슨 소리를 듣더라도 '그녀의 도전에 말려들지 않겠다'고 단단히 마음먹는 것이다. 승부의 세계에서 한 걸음 물러나야 한다는 점을 명심하라.

그녀가 시비를 걸듯 말을 해온다면 입을 다무는 것이 좋다. 그런데도 그녀가 도전해온다면 "지금 그 이야기는 하고 싶지 않아" "그런 걸로 말싸움

272

POINT
1. 시비를 거는 것은 자존감이 낮기 때문이다.
2. 상대방의 가치관과 거리를 둔다.
3. 자신의 기분을 직시해야 한다.

하고 싶지 않아" "이렇게 말싸움하는 거 지치지 않아? 이제 그만하자"라는 식의 이야기들로 자신의 기분을 솔직하게 말해야 한다. 그녀의 수법에 말려들지 않는 것이 중요하다. "그렇구나. 그럼 이제 그만 일어날게"라고 말할 수 있을 정도로 심리적·물리적으로 거리를 둘 필요가 있다.

자기평가를 깨닫기도 한다

그렇다고 무시한다거나 험담을 해서는 안 된다. 그렇지 않아도 자존감이 낮은 사람을 경멸하는 눈빛이나 동정의 눈길로 보는 것은 여러분 쪽에서 먼저 그 사람을 공격하는 셈이 된다. 이래서는 '승부의 장을 떠났다'고 할 수 없다.

어쩌면 상대의 태도를 통해 본인 스스로 자존감이 낮다는 사실을 깨닫게 될 수도 있다. 그렇다고 해도 결코 자신을 질책해서는 안 된다. 마음속에 억제되어 있던 불안이나 괴로움을 있는 그대로 인정하고 '이제 편해져도 괜찮다'고 자신에게 허락하자. 상대방을 통해 자신을 바로 볼 수 있는 기회가 되었다면 그 또한 행운이라고 생각하시라.

`Column` **자기평가를 높이는 4단계**

스텝 ① 깨달음: 불안, 슬픔, 후회, 괴로움 등의 감정을 알아차린다.
스텝 ② 허가: 자신을 질책하지 말고 있는 그대로의 자신을 받아들인다.
스텝 ③ 위로: 지친 마음과 몸을 어루만지고, 부정적인 감정을 배출한다.
스텝 ④ 선택: 주위 시선에 신경 쓰지 말고 자신이 '진심'으로 만족하는 행동을 한다.

273

만나고 싶지 않은, 아이의 친구 엄마

마지못해 교류하는 것도 좋지 않다

어린이집이나 유치원에서 모든 아이들을 '친구'라고 말하지만 실제로 친해지는 사람은 고작 2~3명으로 마음이 맞지 않는 친구나 싫어하는 친구도 있다. 아이의 친구 엄마도 '친구' 관계와 마찬가지로 만나고 싶지 않은 사람이 있다고 해도 전혀 이상한 일이 아니다.

그러므로 엄마들 중에서 마음이 맞지 않는 사람이 있다면 '나는 이 사람이 힘들다'고 솔직하게 인정하고 '억지로 만나지 않아도 괜찮다'고 스스로에게 허락해야 한다. "아무리 그래도 아이 때문에 그 엄마와 교류하지 않을 수 없다고요!"라고 항의하는 소리가 들리는 것 같다. 잠깐! 그것이 정말 '아이를 위한 일'인가?

여성은 아내가 되고, 엄마가 되면 자신의 욕구를 억누르고 남편과 자녀를 우선하는 습관이 생긴다. 이런 엄마를 보며 자란 아이는 '자신의 욕구를 표현하면 안 된다. 다른 사람의 상황에 맞춰주며 참아야 한다'고 학습한다. 그러면 어른이 된 후에도 자기주장을 하지 못하고 참기만 하는 인생을 살게 될 수도 있다. 그것이 여러분이 바라는 자녀의 모습인가?

• • •

역설적이지만 자녀를 위해 엄마가 자신을 희생하며 억지로 애쓰는 모습은 자녀를 위하는 일이 아니다.

자녀와 엄마, 서로의 의사를 존중한다

"나는 A양의 엄마가 싫으니까 너도 A랑 놀지 마!"라고 해서는 안 된다. 아이에게는 아이들만의 교류가 있으므로 이 부분은 철저하게 존중해야 한다. 어리기는 하지만 하나의 독립된 인격이라는 점을 잊어서는 안 된다.

"A양의 집까지 데려다주고 엄마는 집에 갔다가 나중에 데리러 올게"라는 식으로 아이와 엄마 각자의 자유를 누리며 협력할 수 있는 부분은 협력하는 것이 바람직하다. 평소 이런 식의 대화가 익숙해지면 자연스럽게 자기주장을 하게 되고, 자녀에게도 좋은 영향을 줄 수 있을 것이다.

여자의 인간관계 고민, 이럴 땐 이렇게 해결하라

내 앞에서 남을 험담하는 여성

반응하지 않으면 휘말리지 않을 수 있다

사람이 모이면 자리에 없는 누군가의 험담을 하는 것은 다반사지만, 정의감이 강하고 도덕적인 사람에게는 그 자리가 견디기 힘들다. 스스로 '어떤 이유에서든 절대로 험담을 하지 않는다'라고 마음속으로 정해두었기 때문이다.

신기하게도 '절대로 안 된다'고 금기시하면 오히려 그 일을 좋아하는 사람이 저절로 모여든다. 자신의 추한 부분을 거울처럼 비춰주는 자신의 친구들. 그런 친구를 비난하는 행동은 자신에 대한 질책으로 이어지므로 당연히 괴로워질 수밖에 없다.

험담은 단순한 '기분전환용'일 때가 많다. 다른 스트레스 해소의 방법을 모르기 때문에 하는 것이라 별 의미는 없다. 따라서 험담에 대한 압박감을 조금은 풀어도 된다. '가끔은 괜찮지 않은가' '조금 정도라면 그냥 넘어갈까' 정도의 여유를 가지면 그다지 거슬리지 않을 것이다.

그런데 이 정도는 괜찮다고 생각하는 범위를 넘어섰을 때는 어떻게 해야 할까? '급한 용무가 생각났다' '화장실을 가야 한다'와 같은 적당한 구

276

실을 만들어 얼른 그 자리를 떠나면 된다.

물리적으로 거리를 두기가 어려울 때는 상대방의 페이스에 휘말리지 않도록 주의해야 한다. 이를테면 상대방이 동의를 구하더라도 "노코멘트" "흥미가 없어서"라며 한마디 말로 단호하게 거절하는 것이다. 평소에 일관성 있게 이런 태도를 보이면 험담하는 자리에 휘말리는 일이 훨씬 적어질 것이다.

자신이 험담의 대상이 되었다면…

내가 험담의 대상이 되었을 때는 자신을 보호하는 것이 최우선이다! 우선은 분노와 슬픔을 느끼고 상처 입은 자신의 마음을 인정해야 하며, 안정을 찾아야 한다. "이런 말 때문에 상처받았다"고 직접 이야기해보는 해결책도 있지만 냉정을 되찾지 않은 상태에서는 그러기가 힘들다. 이때 자신을 주어로 한 '나(I)' 메시지로 말하는 것이 핵심이다.

험담을 험담으로 대응하는 방법은 최악이다. 불에 기름을 붓는 격이므로 하지 않는 것이 바람직하다.

Column **심리학자 융이 말한 '투영'**

심리학자 카를 구스타프 융이 제창한 '투영'이란 자신과 동일한 요소를 타인에게서 발견하는 것이다. 누구나 무의식적으로 이런 행동을 한다. 예컨대 자신이 친절하면 상대방의 친절함이 더 쉽게 눈에 들어오고, 자신이 화가 많다면 상대방의 분노가 먼저 눈에 띈다. 자신이 가진 다양한 측면 중 결점이나 악으로 금지하는 부분을 융은 '그늘'이라고 말한다. 누군가에게 울컥 화가 났다면 실은 자신의 '그늘'이 투영되었을 가능성이 크다는 의미다.

277

04 사사건건 간섭하는 엄마

엄마에게 향했던 에너지를 자신에게 돌린다

엄마의 집요한 간섭에 괴로워하는 딸이 무척 많다. 이들은 반항하고, 대화를 시도하고, 무시해보고, 갖은 방법을 사용해 엄마에게 자신의 감정을 전달하려고 노력한다. 하지만 엄마는 한 가지 사항에서는 타협하더라도 곧바로 다른 빌미를 찾아 간섭해온다. 쓰러뜨리고 쓰러뜨려도 다시 일어나는 좀비와 싸우는 듯하다.

앞서 말했듯이 과잉간섭의 근본적인 원인은 '딸이 자립하면 혼자 남겨져서 고독해질 것이다'라는 엄마의 공포심에 있다. 여기에 경쟁심과 질투심, 잘못된 책임감, 성장과정에서 갖게 된 엄마 본인의 부정적인 요소의 투영 등 다양한 심리가 복잡하게 얽혀 있다. 이 모든 것이 무의식적으로 이루어지기 때문에 본인도 깨닫지 못한다. 딸이 "왜 이해하지 못하는 거야!"라고 아무리 외쳐도 답이 없다.

지금까지 엄마와의 싸움에 사용했던 에너지를 자신에게 돌려보라. 엄마의 간섭으로 상처받은 마음을 치유하고, 억눌러왔던 본심을 인정하고 표현하는 데 에너지를 사용하라. '힘들었지' '괴로웠겠다' '지금까지 잘 살아왔네'라는 말로 스스로를 위로해줘야 한다. 그것만으로도 힘들고 지친 마음이 많이 편안해질 것이다.

하지 못한 말은 종이에 쓴다

엄마에 대한 불만, 원망, 분노 등 차마 하지 못했던 말들을 종이에 모조리 적는 방법을 추천한다. 심한 욕설도 괜찮으니 마음속이 후련해질 때까지 반복한다.

엄마와 대화중에 간섭이 시작되었을 때는 상대방의 눈을 보며 "고마워요"라고 말하면 조금 언성이 낮아진다. 그 후 "엄마 말에도 일리가 있지만 나에게도 생각이 있어요"라고 분명하게 전달한다.

어떤 반응이 되돌아와도 엄마가 아닌 자신에게 의식을 집중해야 한다. 처음에는 효과가 나타나지 않더라도 절대 포기하지 마라! 일관되게 자기중심적인 태도를 보이면 반드시 변화가 나타날 것이다.

`Column` **엄마는 딸을 어떻게 대해야 할까?**

10세 전후에서 사춘기를 맞이하는 여자아이는 부모의 생각보다 냉정하게 부모를 관찰하고 있다. 가장 가까운 동성인 엄마는 좋든 싫든 여성으로서 삶의 견본이 되며 딸의 장래에 막대한 영향을 준다. 억지로 현모양처를 연기할 필요는 없다. 그보다는 먼저 자신을 존중하자. 그렇게 하면 딸도 자신을 존중하는 법을 익힐 것이다. 한 사람의 인간으로 서로를 존중하면 엄마와 딸 사이에 놓인 대부분의 문제가 해결될 것이다.

내 발목을 잡는, 능력 없는 여성

주변 사람들에게 농락당하지 않는 의식·사고를 익힌다

현대 사회는 치열한 경쟁사회이기 때문에 직장(회사)에서 업무 성과를 다투는 일 자체는 나쁘다고 할 수 없다. 하지만 성과를 올리는 자체를 서로 경쟁하는 것이 아니라 '서로의 발목을 잡는' 상황이 된다면 이야기는 조금 달라진다.

"이런 간단한 것도 모르다니 A양은 바보 아냐?"

"B씨는 일도 못하면서 선배인 척은 다 하고 짜증나!"

"내가 먼저 주임이 되어서 동기인 C양과 서먹한 건가?"

이처럼 우리는 직장생활을 할 때 유독 상대방에 대해서만 신경을 쓰고 있다. 나의 관점이 완전히 빠지고 상대방의 말과 행동이나 그 이유와 원인에 대한 억측에 주의를 빼앗기는 것이다. 즉 의식이 다른 사람을 향해 있으며, 정작 본인의 입장은 알아차리지 못한다. 무엇보다도 먼저 이 사실을 깨달아야 한다.

이 사실을 깨달았다면 자신에게로 의식을 되돌린다. 상대방이 싫다면 그 감정을 그대로 노트나 일기에 적어본다. 감정을 청소하면 상대방의 말

280

3장

· · · · ·
POINT　1. 상대방을 신경 쓰는 자신의 모습을 깨닫는다.
　　　　　2. 자신의 감정을 인정하고 승화시킨다.
　　　　　3. '~해야 하는 법'이라는 생각을 버린다.

· · ·

이나 행동이 그다지 거슬리지 않게 된다.

감정이 안정되었다면, 이번에는 생각을 정리할 차례다. 자신 안에 있는 '선후배는 이래야 한다'는 고정관념을 깨야 한다. '~해야 하는 법'이라는 생각은 주관적인 의견에 불과하다. 여러분의 상식이 다른 사람에게 통용되지 않을 수 있다는 사실을 알아야 한다.

'당연히 해야 한다'는 고정관념에서 벗어나야 한다

천재 물리학자 아인슈타인은 "상식이란 18세까지 익힌 편견의 집합이다"라고 말했다. "고등학교 다음은 대학교, 대학교 다음은 취업" "먼저 맥주부터" "살을 빼고 싶으면 운동을 해야 해" 등도 '고정관념'의 일례다. 평소 무엇을 선택하고 버릴지 자신의 취향에 따라 자유롭게 선택하려고 하다 보면 다른 사람의 선택에도 관대해질 수 있다.

그럼에도 주위 사람의 말이나 행동이 여러분의 업무에 피해를 준다면 솔직하게 이야기해야 한다. 상대방을 질책하지 말고 자신의 생각을 솔직하게 말하는 것이다. 여러분이 자신에게 충실하다면 여러분의 마음은 반드시 상대방에게 전달될 것이다.

·

　Column　　**후배를 잘 지도하는 방법**

흔히 하는 착각이 '일일이 가르쳐주지 않아도 알겠지'라는 생각이다. 간단한 업무라도 상대방은 낯선 경험이다. 처음부터 꼼꼼하게 순서를 설명해주어야 한다. 주저 없이 질문할 수 있는 분위기를 만드는 것도 중요하다. 개인적으로 가까워질 필요는 없지만 결과보다 과정을 칭찬해준다거나 다른 사람이 보는 장소에서는 야단치지 않는다는 등 기본적인 매너는 지키도록 한다.

연인이 생기면 소원해지는 친구

자립할 기회가 왔다고 생각하자

연인이 생기면 모든 생활의 중심이 남자친구가 된다. 이런 여성이 상당히 많다. 프랑스의 대문호 스탕달은 "사랑은 열병과 같은 것이다"라고 말했다. 어차피 열이 내리면 친구와의 관계도 제자리로 돌아올 것이다. 여러분에게 그녀가 소중한 친구라면 씁쓸하지만 긴 안목으로 지켜봐줄 수 있을 것이다.

이런 여유가 없다거나 화가 치밀어서 견딜 수가 없다면 그것은 여러분 자신의 문제다. '친구는 남자친구보다 나를 우선해야 한다'고 생각하지 않는가? 여러분과의 만남보다 데이트를 선택하는 친구에게 '배신당했다'고 느끼지 않는가? 대답이 "YES"라면 여러분은 그녀에게 의존하고 있다는 것이다. 그녀가 상대해주지 않으면 살아갈 수 없는가? 그녀가 소중하게 생각해주지 않으면 자신의 존재가치가 떨어진다고 느끼는가? 만약 그렇다면 지금이 바로 자립할 수 있는 기회다.

그녀에 대한 집착을 버리고 그녀에게 휘둘리는 상태에서 벗어나 조금씩 독립할 준비를 하자. 분위기 좋은 카페에 가고, 좋아하는 영화를 보고, 방

전체의 분위기를 바꾸고, 그 외에 조깅, 독서, 쇼핑 등 자신만의 즐거운 시간을 늘려간다. 다른 친구를 만나 여기저기 돌아다녀보고, 새로운 친구를 만날 기회도 만들어보자.

친구와의 관계를 되돌아보는 기회로 삼자

학년이 올라가거나 졸업을 계기로 친구와 멀어지게 되듯이 연인이 생긴 것을 계기로 친구와 소원해지는 일은 자연스러운 과정이다. 감정적으로 '배신했다·배신당했다'라고 생각하기보다는 단순한 환경의 변화로 받아들이는 편이 좋다. 하지만 연인을 우선시한 나머지 여러분과의 약속을 갑자기 취소하는 등 최소한의 예의도 지키지 않는 행위에 대해서는 단호하게 주의를 주어야 한다.

여러분을 함부로 대하는 사람을 친구라고 할 수 있을지, 관계를 지속할 만한 가치가 있는지를 신중하게 생각할 수 있는 좋은 기회다. '이 사람과 함께하는 시간이 즐겁지 않다'고 느낀다면 그것이 정답이다. 자신이 그 친구를 어떻게 생각하는지, 자신의 진심이 무엇인지를 차분하게 들여다보자.

Column **집착을 버리는 '세도나 기법'**

1970년대에 미국에서 고안된 방법으로 집착을 버리는 '세도나 기법'을 소개하겠다.
① 걱정되는 감정을 떠올린 다음 그 감정이나 기분에 빠져든다.
② '이 감정을 놓아줄 수 있는가'를 자신에게 물어본다.
③ '이 감정을 놓고 싶은가'라고 자신에게 묻는다.
④ '이 감정을 언제 놓을 것인가'라고 자신에게 묻고 가능하다면 '지금'이라고 대답한다.
질문의 대답은 '예'든 '아니요'든 상관없다. 완전하게 떨쳐버렸다고 느낄 때까지 같은 과정을 반복한다.

07 불편한 여성모임에 참석해야 할 때

자신의 허용치를 넘지 않는 범위에서 교류하면 된다

모임의 참석을 거절할 때 대부분의 사람은 "일이 바빠서" "몸이 안 좋아서" "그날은 다른 약속이 있어서" 등 뻔한 핑계를 대며 빠져나오려고 한다. 그 또한 사교술의 하나이지만 여러 번 거듭되다 보면 핑곗거리도 떨어지고, 거짓말을 한다는 죄책감도 들기 시작한다. "가기 싫으니까 안 갈 거야"라고 확실하게 말할 수 있다면 얼마나 속이 시원할까! 그렇다, 사실은 이것이 최선의 해결책이다.

한 번에 시원하게 끝내고 싶다면 과감하게 말하라. 심각한 태도를 취하지 않는 것이 비결이다. "불러줘서 고마워" "난 고맙지만 사양할게" "미안해" 이 세 문구를 묶어서 되도록 친절하게 전달한다.

상대방의 기분을 상하게 하는 것은 아닌지 등의 반응을 예상하면 말하기 힘들어진다. 이런저런 걱정은 잠시 접어두고 상대방이 어떻게 받아들일지는 상대방의 자유임을 명확히 한다.

하지만 미움을 받는 것이 두렵다거나 무리에서 따돌림을 당할 것 같아 무섭다면 단호하게 거절하기란 힘들다. 마음속으로는 '아무도 오지 않아서 취소되면 좋겠다'라고 생각하기도 한다. 여러분이 처음으로 거절하면, 오기 싫은 다른 사람도 거절하기가 쉬워질 것이다. 그렇게 되면 미움을 받기는커녕 오히려 고마워할 수도 있다.

매번 참석하기는 힘들지만 가끔은 가도 괜찮다고 생각한다면, 마음이 내킬 때만 참석하면 된다. 도중에 참석해 먼저 돌아가도 되고, 마음만 참석한다는 구실로 참가비만 내거나 간식을 넣어주는 방법도 있다.

자신을 위해 행동하는 것이 중요하다

어쨌든 자신이 편안하게 느끼는 범위 안에서 행동하는 것이 중요하다. '1년에 3회까지는 괜찮다' '2시간이 최대치'처럼 자신의 허용량을 수치화해 파악하는 방법도 좋다.

여성모임에 참석 여부를 분명하게 표현하는 일은 자신을 위한 행동으로 좋은 연습이 된다. 여성모임 이외의 술자리나 친목회 등에도 응용할 수 있으므로 부디 실행하기 바란다.

Column **여성모임을 즐기는 비결**

여성모임이든 뭐든 어차피 참석한다면 '즐기는 사람'이 승자다. 그렇게 하려면 주변을 신경 쓰지 말아야 한다. 눈앞에 있는 음식과 음료수(미각, 후각), 창밖으로 보이는 경치(시각), 가게에서 흘러나오는 음악(청각) 등 '지금 이곳'의 오감에 초점을 맞춘다. 이렇게 하면 그 자리를 즐기거나, 편안해하는 자신을 발견하는 순간이 온다. 쓸데없는 부분에 너무 신경 쓰지 말고 지금 눈앞에 있는 것들을 즐겨보라.

여자의 인간관계 고민, 이럴 땐 이렇게 해결하라

우는 소리를 늘어놓는 사람

조언은 불필요하니 애써 참으며 이야기를 듣지 않는다

울고 있는 여성을 그냥 지나치지 못하는 여러분은 ①매우 친절하거나 ②호기심이 왕성하거나 ③사람들 앞에서 눈물을 흘리는 것에 거부감이 있다거나, 이 셋 중 하나일 것이다.

무슨 일이 있었는지 묻거나, 위로하거나, 훌쩍거리지 말라고 야단치고 싶겠지만 여러분이 할 수 있는 일은 가만히 지켜보는 것뿐이다. 그녀가 이야기하고 싶어 하면 아무 말 없이 그저 들어준다. 의견이나 충고는 부질없는 짓이다. 그녀가 먼저 요구하지 않는 한 참견은 자제해야 한다.

조용히 우는 여성은 그냥 가만히 내버려두면 얼마 지나지 않아 울음을 멈추지만, 적극적으로 우는 소리를 하는 여성은 그렇지 않다. "내 말 좀 들어줘"라며 불평이나 험담을 늘어놓고 같은 말을 몇 번이나 반복한다. 이런 유형의 진짜 목적은 여러분의 동정을 자아내어 자신의 외로움을 잊으려는 것이다. 문제가 해결되어 우는 소리를 할 구실이 없어지면 오히려 곤란하므로 이쪽에서 아무리 충고를 해봐야 실행하려고 하지 않는다.

그녀는 "상담할 게 있다" "너밖에 의지할 데가 없다"라고 말하겠지만 곧이곧대로 받아주면 이용당하고 말 것이다. '상담'이나 '의지'라는 것은 자신이 행동하기 위해 누군가의 도움을 빌린다는 의미지만 그녀는 애초부터 행동할 의지가 없기 때문이다.

상대방이 의존하지 않도록 해야 한다

여러분이 '가엾다'고 동정할수록, '이야기를 들어줘야 할 것 같다'며 친절해질수록 상대방의 의존심을 오히려 증폭시키는 결과가 된다. 이는 결코 상대방을 위하는 일이 아니다.

우는 소리를 시작하려고 하면 제한시간을 두거나, 되도록 빨리 마무리해야 한다. "알았어, 5분 동안만 들어줄게" "미안, 듣고 있으니 내가 힘들어졌어" "미안한데 오늘은 여기까지 하자" 등을 들 수 있다. 혹은 "더 재미있는 이야기하지 않을래?"라며 화제를 바꿔도 괜찮다. 결국 대화할 상대가 필요한 것뿐이니까 말이다.

Column **타인의 문제를 짊어지지 않는다**

심리학자 알프레트 아들러(Alfred Adler)는 사람들이 안고 있는 고민은 주로 인간관계에서 비롯된 것이라 보고 '과제의 분리'라는 개념을 제창했다. 이 논리에 따르면 상대방이 요청하지 않은 조언을 하는 행동은 '타인의 과제에 개입'하는 것으로, 그 조언을 따를지 말지를 결정하는 주체 또한 '상대방의 과제'가 된다. 자신이 제어할 수 있는 부분은 본인의 과제이므로 타인의 일에 신경을 쓰거나 고민하는 행위는 의미가 없다는 주장이다.

여자의 인간관계 고민, 이럴 땐 이렇게 해결하라

여자들 무리에서 따돌림을 당했을 때

앙금만 풀 수 있다면 친해지지 않아도 괜찮다

따돌림은 심리 상담에서도 흔히 나타나는 주제이지만, 상황을 자세히 살펴보면 대개 다음 3가지 유형으로 나눌 수 있다.

첫째, 사실은 스스로 따돌림을 초래했다

친구들 사이에서도 커뮤니케이션이 원활하지 않아서 혼자 떨어져 있는 편이 편하기 때문에 일부러 무리와 섞이지 않으려는 행동을 한다. 하지만 이런 행동은 무의식적으로 하는 것이기 때문에 본인은 자각하지 못한다. 오히려 피해자처럼 느끼고 상처받는다. 이는 부모와 자식 관계에서도 자주 나타나는 패턴이다.

이 경우에는 자각하지 못했던 진상을 깨닫는 것이 중요하다. '아, 나는 이 사람들이 두려웠던 거야'라고 인정하는 것이다. '그렇구나, 사실 나는 다른 사람들이 두려웠던 거야'라고 자각하고 나 자신을 받아들여야 한다. '두렵다면 애써 친해지려고 노력하지 않아도 괜찮아. 그저 평범한 관계면 충분해'라며 자신을 억누르던 부담을 내려놓아보자.

POINT
1. 따돌림은 3가지 유형으로 나뉜다.
2. 자신의 공포심을 인정하는 데서 시작한다.
3. 상대방의 페이스에 말려들지 않도록 한다.

둘째, 사소한 오해가 있었다

이는 대화로 해결할 수 있는 가능성이 높은 경우다. 두려움을 완화하는 차원에서 친한 친구에게 중재자 역할을 부탁한다. 대화의 자리가 마련되면 중립자의 입장으로 자리에 있어달라고 부탁한다. 이야기를 할 때는 '누구 잘못인지 결판을 내자'라는 식이 아니라 '내가 고쳐야 할 점이 있다면 개선하겠다'라는 자세가 바람직하다. 그렇게 할 생각이 없다면 깔끔하게 거리를 두는 편이 좋다.

셋째, 경쟁심 강한 여성이 주변을 둘러싸고 있다

이는 보스 기질을 가진 인물이 중심에 있고 그 주변을 추종자들이 에워싸고 있는 상황이다. 상대방의 페이스에 말려들기 전에 자신이 먼저 그 상황에 개의치 않는 방법이 최선이다.

이상의 3가지 유형을 정확히 파악해 대처해야 한다. 고민된다면 먼저 누군가에게 상담을 요청하는 것도 방법 중 하나다.

Column **많이 싸울수록 사이가 좋다**

'불만 등의 속마음을 말하면 싫어할 수도 있다' '울거나 소리치고 볼품없는 모습을 보이면 버림받을지 모른다' 등의 두려움이 있다면 진정한 싸움을 할 수 없다. 속담에 '많이 싸울수록 사이가 좋다'라는 말은 반대로 말하면 '사이가 좋으니까 싸움도 할 수 있다'는 의미가 된다. 그렇기에 친밀할수록 싸움도 격렬해지는 법이다. 사춘기에 접어든 자녀와 부모 간의 싸움이 좋은 예다.

여자의 인간관계 고민, 이럴 땐 이렇게 해결하라

세대 차이가 나는 사람

처음부터 거절하지 말고 정보수집이라고 생각한다

여자 선배가 휘두르는 구시대적인 통념, 여자 후배가 연발하는 의미를 알 수 없는 인터넷 용어 등 살아온 시대가 다르면 감각이나 지식에도 차이가 생길 수밖에 없다. 이런 차이에 흥미를 가진다면 좋겠지만, 그렇지 않다면 단순하게 '정보수집'이라고 생각하면 된다. 실제로 세대가 다른 사람과 대화하면 다양한 분야에 관한 지식이 쌓여서 생각지 못한 기회가 찾아오기도 한다.

자신이 모르는 부분에 대한 배움을 얻고 싶다면 정중한 말투를 잊지 말아야 한다. 연하인 상대에게 선배티를 내지 않도록 한다. "요즘 젊은 사람들은…" "나는 늙은이라…" 같은 말은 절대 입에 올려서는 안 된다. 전자는 상대방에 대한 연령 차별이고, 후자는 자기 비하(=자학)이기 때문이다.

세대에 따라 가치관의 차이가 여실히 드러나는 부분은 고부문제와 모녀 갈등, 직장에서의 관계다. 또한 10년 전과 비교해 디지털화된 직장환경의 차이 때문에 상사와 부하직원이 갈등을 겪는 것 등이 대표적이다.

세대 차이에 의한 문제는 그 세대 사람들 자체를 거부하기 때문에 생겨

290

- - - - -

난다. 그 세대 사람들이 두렵고 신뢰할 수 없기 때문에 무의식적으로 경계하는 것이다. 뱀을 무서워하는 사람이 뱀을 만지지 못하는 것처럼, 그 세대 사람들이 두렵기 때문에 흥미를 느끼며 대할 수 없는 것이다.

여러분 자신을 좋아하라

사람에 대한 두려움을 없애려면 먼저 자신과 가장 가까운 인간, 즉 여러분 자신을 좋아해야 한다. 나이와 성별, 외모, 능력, 장점과 단점 모두 인정하고, 어떤 모습의 자신도 사랑해야 한다. 이런 식으로 자신을 소중히 하는 사람은 필연적으로 다른 사람도 소중히 여긴다.

자신을 소중히 여기면 표면적으로는 싫어하는 사람이나 불편한 사람이 있더라도 근본적인 부분에서는 호의적으로 사람을 대할 수 있게 된다. 이런 호의가 상대방에게 전해지기 때문에 세대 차이와 관계없이 무난한 관계를 구축할 수 있는 것이다.

Column **세대 차이의 이모저모**

세대에 따라 이해하기 어려운 사례로, 다음과 같은 내용을 들 수 있다.
- **위 세대** : 연락은 전화나 문자가 편하다. 휴일 출근, 야근을 한다. 3세 이하의 자녀를 어린이집에 맡기는 데 저항감이 있다. 해외여행을 좋아한다. 자가 주택과 차를 갖고 싶어 한다.
- **아래 세대** : 스마트폰을 손에서 놓지 않는다. 정시에 퇴근한다. 줄임말을 많이 사용한다.

291

짝 있는 남자에게 집적대는 여성

그 파트너는 여러분에게 어울리는 사람인가

이는 분명히 말해, 싸워봐야 시간낭비다. 집적댄 여성이 아니라 여러분의 파트너에게 주목하라. 여성의 유혹에 넘어가서 바람을 피우는가, 의연한 태도로 여성을 멀리하는가? 그의 정체를 파악할 수 있는 기회다.

연인이나 남편의 불륜현장을 덮쳐 상대 여자에게 달려드는 여성은 자신감이 부족할 때가 많다. 자신감이 없다는 것은 자존감이 낮다는 의미다. 한 남자를 만난 후에 이제 그 사람밖에 없다고 믿는다. '이 사람을 잃는다면 이제 아무도 나를 사랑해주지 않을 거야'라는 불안감이 늘 마음 한쪽에 자리 잡고 있기 때문에 버림받지 않기 위해 바람과 폭력조차 허용한다. 그러니 남자에게 아무리 부당한 대우를 받아도 아무 소리도 하지 못한다. 자신이 스스로를 그 정도의 인간이라고 믿기 때문이다.

그렇다면 자신감 있는 여성은 바람을 피우는 상대에게 어떻게 할까? 스스로 자신의 가치가 높다는 사실을 알고 있으므로 애인에게 '나를 소중하게 생각하지 않는다면 끝이다'라는 태도를 보인다.

여성의 유혹에 쉽게 넘어가는 남성은 자신에게 어울리지 않는다고 생각

292

하므로 남성에게 직접 상황설명을 요구하기도 하고, 혹은 이별을 선택해 더 멋진 남성을 만나기도 한다.

자신의 가치는 어느 정도인가

파트너가 여러분을 대하는 태도가 여러분이 자신의 가치를 어느 정도로 설정하고 있는지를 보여주는 척도가 된다. 예를 들어보자. 데이트 약속에 항상 그가 늦게 나타난다. 좋아하니까, 내가 싫어지면 안 되니까 한마디 불평도 못 하고 계속 기다리는 여러분은 '나는 기다려도 괜찮다'고 생각하지는 않는가?

사실 연인이 있는 남자에게 집적대는 여성도 자존감이 낮은 건 마찬가지다. '나에게는 이미 짝이 있는 남자가 어울린다'고 생각하니까 말이다. 그런 여자와 싸우는 것은 누가 더 불행한지 겨루는 셈이다.

한시라도 빨리 이런 진흙탕 싸움에서 빠져나와야 한다. 그런 후에 자신의 가치를 높이는 데 에너지를 쏟기 바란다.

Column **자신감은 거만함이 아니다**

본래 '자신감'이란 자신의 가치나 능력에 대한 신뢰로 자만심과는 차이가 있다. 자존감이 높으면 일부러 다른 사람을 고압적으로 대하지 않아도 충분히 행복하기 때문에 거만한 태도를 보이지 않는다. '고압적'이라는 말은 상대방을 무조건 억누르는 태도를 의미한다. 이는 자존감이 높은 게 아니라 겸손함이 결여되었다고 보는 편이 맞다.

293

흥미가 없는 물건을 권유하는 사람

유기농 화장품과 영양제를 피라미드 방식으로 판매하는 거야. 세미나가 있는데 같이 안 갈래?

술술

아니, 뭐···

관심이 없음을 분명하게 표현한다

자신이 뭔가에 빠질 때마다 "이거 정말 좋아~"라며 권해오는 사람이 있다. 상대방은 호의에서 하는 행동인 탓에 오히려 거절하기가 힘들다. 그 사람이 회사 선배나 시어머니라면 관계를 훼손하지 않기 위해서 상대방에게 맞춰줄 수밖에 없다. 하지만 아무리 호의라고 해도 자신이 필요로 하지 않는 것을 강요하는 것은 분명한 영역침범이다. 이런 때는 확실하게 선을 긋고 자신을 지키는 데 집중하라.

애매한 반응이나 빈말로 둘러대면 그 자리는 어찌어찌 넘길 수 있을 것이다. 하지만 상대방은 호의의 화신이다. "그렇다면 이런 것도 있는데" "이게 싫다면 저건 어때?" 등의 말을 하며 계속해서 다른 물건을 권유해올 것이다.

흥미가 없는 대상을 자꾸 권한다면 상대방의 호의에 감사를 표하면서도 관심은 보이지 않는 태도가 중요하다. "나한테 신경 써줘서 고마워"라고 입을 뗀 다음 이어서 "그런데 나는 흥미가 없네" "그런 거 나한테는 안 맞아" 등과 같이 자신을 문장의 주어로 해서 "NO"를 선언한다. 상대방을 질

294

POINT

1. 애매한 거절은 그 사람에게 통하지 않는다.
2. 상대방의 권유에 감사를 표현하면서도 관심은 보이지 않아야 한다.
3. "NO"라고 말하는 것이야말로 자신을 지키는 것이다.

책하는 말은 한마디도 들어 있지 않으므로 불필요한 파장을 일으키지 않고 거절할 수 있다.

집요한 권유에는 강한 태도로 대응한다

권유하는 내용에 따라서는(피라미드 방식 등) 피해를 주는 경우도 있으므로 분명하게 "NO"라고 말하는 것을 두려워하지 마라. 어디까지나 자신의 자유를 우선하라. 집요한 권유에는 "도가 지나친 것 같은데 그만해줬으면 좋겠다"고 강하게 말하는 것이 좋다.

이렇게 해서 거절하는 데 익숙해지면 상대방의 말에 귀를 기울일 수 있는 여유가 생긴다.

"그렇구나. 넌 지금 그 상품에 빠졌구나(나는 사지 않겠지만)"

"그 이야기를 하는 네가 행복해 보여서 좋다(나는 사지 않겠지만)"

이런 식으로 자신의 영역을 확실히 지키면서도 상대방의 기분을 맞춰주는 대화가 가능하다면 더할 나위 없다.

Column **참견의 심리학**

교류분석학파의 일원인 스티브 카우프만(Steve Kaufmann)은 인간관계를 '희생자' '박해자' '구조자'라는 3가지 유형으로 분류해 그 관계성을 해석했다. 박해자와 구조자는 강요, 잔소리, 참견 같은 방식으로 희생자에게 접근하려고 한다. 사람들의 잔소리와 참견을 자주받는 사람은 자각하지 못하는 사이 무력한 자신을 가장해 희생자 역할을 떠맡는 것일 수도 있다.

295

무턱대고 칭찬을 퍼붓는 여성

사람이 사람을 칭찬하는 이유

본래 칭찬을 듣고 기쁘지 않은 사람은 없지만 어떤 한 사람이 지나치게 자주 칭찬을 해오면 점점 부담스러워진다. 왜 과도한 칭찬을 하는 걸까? 그 이유로 다음과 같은 7가지를 들 수 있다.

① 진심으로 훌륭하다고 생각한다.
② 일단 칭찬을 통해 '좋은 사람'을 연기한다.
③ 부담을 주어 부탁을 하려고 한다.
④ 호감을 얻고 싶어서 비위를 맞추는 것이다.
⑤ 비굴해지는 방법 외에 호감을 얻는 방법을 모른다.
⑥ 일부러 칭찬을 해서 상대방의 반응을 확인한다.
⑦ 칭찬의 말 속에 빈정거림을 담고 있다.

어쩌면 그 외에 다른 의도가 있을 수도 있다. 그 의도가 무엇이든 그것은 상대방의 자유이므로 여러분이 신경 쓸 필요는 없다.

296

POINT
1. 칭찬을 하는 사람의 속셈을 깊이 알려고 하지 않는다.
2. 간단하게 "고마워"라는 말로 끝내고, 겸손의 말이나 칭찬으로 되갚으려 하지 않는다.
3. 칭찬을 받았다는 사실에 의미를 두지 않는다.

••••

칭찬을 받아들이고 "고마워"라고 인사하면 그만이다

상대방의 속셈이 무엇이든 말 그대로만을 받아들이고 단순하게 "고마워"라고 대답하는 정도면 충분하다. 겸손을 차려 인사말을 하거나, 마음에도 없는 겉치레 인사를 되돌려줄 필요는 없다.

상대방의 칭찬에 불쾌함을 느끼는 이유는 '상대방의 기대에 부응해야 한다'는 생각 때문이다. 날씬하다는 말을 들으면 살이 찌면 안 될 것 같은 부담감을 느끼고, 영업실적을 높이 평가하면 다음에는 더 좋은 실적을 보여줘야 할 것 같다. 스포츠 선수 중에서 시합 전에 과도한 기대를 받아서 그 부담감에 제 실력을 발휘하지 못한 사례도 많다.

그러므로 타인의 칭찬에 큰 의미를 두지 않도록 한다. 최종적으로 여러분의 가치를 결정하는 것은 바로 여러분 자신이다.

`Column` **셀프칭찬을 한다**

자신의 가치(자존감)를 높이는 방법은 많지만 그중에서도 '자신을 칭찬하는 방법'은 간단하면서도 비용이 들지 않으므로 적극 추천한다. 회사의 프로젝트나 다이어트 같은 큰 성과뿐 아니라 거울을 보면서 '좋아 보인다'라고, 설거지를 한 후에 '잘했어!'라고, 일을 끝낸 후에 '수고했어'라고 사소한 일에도 자주 칭찬하자. 실제로 소리를 내며 칭찬하면 더욱 좋다.

297

여자의 인간관계 고민, 이럴 땐 이렇게 해결하라

대화를 중단한다   정색하고 당당히 항의한다

상대방의 정체를 파악해 대응책을 마련한다

마음에 콕콕 박히는 상대방의 비아냥거림은 무기처럼 느껴지지만 한 꺼풀 벗겨보면 단순한 열등감에 불과하다. 자신보다 뛰어난 여러분의 능력에 부러움을 느끼고 자신과 같은 수준으로 끌어내리려는 것이다. 자신의 억지를 사실처럼 주장하지만 사실은 본인의 주관적인 의견과 판단을 일방적으로 늘어놓은 것이다.

또한 적대감이나 복수심이 강한 사람은 제멋대로 싫은 소리를 하며 도발해온다. 그렇게 해서 여러분이 곤혹스러워하거나 상처받는 모습을 보며 기뻐한다. 여러분이 고통받는 모습을 즐기는 것이다. 애정을 가지고 다른 사람과 교류한 경험이 없고, 타인의 아픔에 공감하는 능력이 없는 반사회성 성격장애를 앓고 있을 수도 있다.

그러므로 빈정거림이나 거북한 말을 듣더라도 결코 맞대응해서는 안 된다. 깐족거리며 듣기 싫은 소리를 해오면 "흐음, 그렇게 생각할 수도 있겠구나"라는 식으로 대화를 끊어버리자. 거만하게 굴며 충고하는 투로 이야기하면 "충고 고마워"라고 간단하게 대답함으로써 언쟁은 회피할 수 있다.

군이 되받아치고 싶다면 상대방의 페이스에 말려들지 않도록 주의해야 한다. 감정에 치우쳐 화내지 말고 차분하게 자신의 기분을 전달하는 데만 집중하자. 상대방과의 경계선을 분명하게 의식하며 자신을 지키는 것을 무엇보다 우선해야 한다.

항의 또는 대화의 장을 마련한다

뒤에서 몰래 빈정거리는 사람은 자신을 숨기지 않고서는 나쁜 짓도 못할 정도로 비겁한 사람이므로 정면에서 당당하게 항의를 하면 허둥지둥 도망간다. 제3자를 통해 대화를 요청하는 방법도 효과가 있다.

사람에게 등을 돌리거나, 관계를 끊는 행동이 힘들 정도로 성품이 온순한 유형은 빈정거리는 소리를 들어도 반격하지 못하고 참기 때문에 표적이 되기 쉽다. 관대하게 대할수록 상대방은 더욱 신이 나서 기어오를 것이므로 '나만 참으면 된다'는 생각을 버리고 '도망치는 것이 이기는 것'임을 기억하라.

가장 좋은 방법은 그런 사람을 아예 만나지 않는 것이다. 이것이 힘들다면 되도록 함께 있는 시간을 줄이고 그 자리에서 멀리 떨어지는 등의 방법을 고민해봐야 한다.

Column **타인의 고통을 느끼지 못하는 사이코패스**

타인에 대해 병적일 정도로 공감능력이 없는 사람을 '사이코패스'라고 한다. 살인마의 대명사처럼 되면서 흉악한 범죄성을 강하게 욕구하는 성향이 있는 경우에 제한되어 사용하곤 하지만 실제로는 의사, 변호사, 정치가 등 사회적으로 성공한 사이코패스도 많다. 퍼포먼스에 능하고, 태연하게 거짓말을 하거나 사람을 속이는 사이코패스를 동경하는 사람도 간혹 있지만 타인의 감정에 공감하지 못하는 것은 결코 행복하다고 할 수 없다.

299

나를 공격하는 여성 상사

주절주절

당신이 낸 기획,
난 별로였어.
그걸 평가해주는 사람이
있다고 해서 너무
자만하는 거 아니야?

감정적인 공격에 감정적으로 대응해봐야 소용없다

회사 전체의 실적을 우선하는 상사는 부하직원을 야단치기도 한다. 하지만 부하직원의 능력을 두려워하는 상사는 자신이 밀리지 않기 위해서 부하직원에게 '분노'를 표출한다. 분노라는 감정을 무기 삼아 위협하면 상대방을 지배할 수 있다고 생각하는 것이다.

지금까지 쭉 이런 방법으로 자신의 지위를 지켜온 노장이므로 '화를 내면 상대방은 반드시 위축될 것이다. 만약 반발하더라도 반드시 내가 이긴다'고 믿고 있다. 이를테면 그녀가 주연이고 여러분이 조연인 셈이다. 여러분이 대본대로 행동하면 그녀가 원하는 결말이 기다린다.

그런데 여러분이 대본에 없는 애드리브를 하면 어떻게 될까? 여러분이 아무 대사도 하지 않고 아주 침착하게 대응한다면? 예상외의 전개에 그녀는 대처하지 못할 것이다. 그녀의 눈에는 여러분의 냉정한 태도가 무척 소름 끼칠 것이다.

이제 주도권은 여러분에게 넘어왔다. 그녀가 여러분에게 퍼부었던 말 중에서 감정적인 부분은 무시하고 구체적인 문제나 취지에만 초점을 맞추어야 한다. 예컨대 "이 건에 관해서는 A안과 B안이 있습니다"라는 식으로 구체적인 용건만 가지고 자신의 무대로 복귀한다.

일단 정서적인 휴식을 취한 후에 대면한다

감정적으로 흥분한 사람을 상대할 때는 똑같은 방식으로 맞대응해봐야 쓸데없이 체력을 소모할 뿐이다. 오히려 상대방과는 반대로 여유로운 태도로 대하는 편이 좋다.

이제 곧 상사의 날벼락이 떨어질 것 같으면 상사와 대면하기 전에 화장실 등 조용한 장소에 가서 몸에 힘을 빼고 휴식하는 방법도 좋다. 심호흡이나 명상을 하는 것도 괜찮다. 마음이 편안해지면 상대방에 대한 공포심이 감소된다. 처음에도 기술했듯이 두려움을 느끼는 쪽은 오히려 상대방이라는 진실을 반드시 기억하라. "겁먹은 개가 크게 짖는다"라는 말은 사실이다.

Column **여성 상사를 대하는 법**

여성은 커뮤니케이션에 능하고, 헌신적인 면이 있으며, 관리직에 적합하다는 인식이 보편적이다. 정보를 잘 공유하며, 부하직원과의 관계도 원만하게 이끌어가는 경향이 있다. 한편 여성 부하직원 중에서는 "난 이런 사람은 거북하다"며 가까이 다가가는 것을 힘들어 하는 사람도 있다. 가까워지기 힘든 존재가 되지 않는 것이 여성끼리의 관계에서도 중요하다.

의욕이 없는 여성 부하직원

'질책'을 멈추고 '양성'방법을 고민한다

아무렇지 않게 지각과 결근을 하고, 사담이 많으며, 스마트폰만 만지작 거린다. 일일이 지시하지 않으면 움직이지 않는다. 당신이 '이런 부하직원 은 곤란하다' '어떻게든 해야 하는데'라고 고민하고 있다면 그것은 회사 전체의 실적 때문인가, 아니면 개인적으로 마음에 들지 않아 공격하고 싶 은 것인가, 혹은 자신의 명령에 따르게 해 지배하고 싶은 욕구 때문인가?

이렇게 자신과 솔직하게 마주하는 태도가 매우 중요하다. 부하직원과 직접적으로 마주하기 전에 상사로서 자신의 심리상태를 확실하게 자각한 다. 공격과 지배라는 2가지 방법으로는 결코 부하직원을 양성할 수 없기 때문이다.

상사가 부하직원을 대하는 감정은 부하직원에게 직접적인 영향을 미친 다. 예를 들어 여러분의 눈에 부하직원이 '일 처리가 늦다' '그런 일도 제대 로 못하나?' '또 게으름 부리고 있군'이라는 식으로 비치지는 않는가. 그런 데 정말 그 부하직원은 장점이 하나도 없을까. 어쩌면 여러분의 시각이 타 인에게 부정적이기 때문에 부정적인 면만 보이는 것일 수도 있다.

비록 입 밖으로 내지 않더라도 표정이나 몸짓을 통해 질책의 감정은 전달되는 법이다. 안 그래도 의욕이 없는데 하루 종일 단점만 지적당한다면 의욕은 완전히 사라질 것이다.

평가하고 인정한다

부정적인 질책보다는 좋은 면을 찾아 긍정적으로 평가하는 쪽으로 방향 전환을 해야 한다. '그 정도는 하는 게 당연하잖아'라고 생각할 만큼 사소한 일이라도 야단치기보다는 칭찬하는 쪽이 의욕을 돋울 수 있다.

회사에서의 여성 입지에 한계를 느끼거나 일에서 성취감을 얻지 못해서 의욕을 잃었을 가능성도 있다. 그 경우는 부하직원이 부담을 느끼지 않을 정도의 업무를 주어 마지막까지 자신의 힘으로 끝내게 해본다. 책임감을 가지고 일을 해냈을 때의 기쁨을 알게 하기 위해 참견하지 말고 본인에게 완전히 맡긴다.

또한 평소에 '직함에 연령 차를 개입시키지 않는다' '정중한 말투를 사용한다'는 2가지 원칙을 실천하면 상사와 부하직원이 적대관계가 되는 사태를 막을 수 있다.

Column 심리학에서 보는 '의욕'이란?

'의욕'에 해당하는 심리학 용어는 '모티베이션(motivation)'이다. 흔히 '동기부여'라고 해석한다. 동기부여에는 자신의 성장이나 성취감이라는 내부적 요인과 연봉 인상이나 표창 등 외부적인 요인, 이렇게 2가지 종류가 있다. 목표가 애매하거나 너무 높으면 모티베이션이 저하된다. 과거의 성공 사례가 적거나, 자존감이 극도로 낮은 사람은 의욕을 갖는 것 자체를 매우 힘들어한다.

■ 독자 여러분의 소중한 원고를 기다립니다 ─────────────

메이트북스는 독자 여러분의 소중한 원고를 기다리고 있습니다. 집필을 끝냈거나 집필중인 원고가 있으신 분은 khg0109@hanmail.net으로 원고의 간단한 기획의도와 개요, 연락처 등과 함께 보내주시면 최대한 빨리 검토한 후에 연락드리겠습니다. 머뭇거리지 마시고 언제라도 메이트북스의 문을 두드리시면 반갑게 맞이하겠습니다.

■ 메이트북스 SNS는 보물창고입니다 ─────────────

메이트북스 홈페이지 matebooks.co.kr

홈페이지에 회원가입을 하시면 신속한 도서정보 및 출간도서에는 없는 미공개 원고를 보실 수 있습니다.

메이트북스 유튜브 bit.ly/2qXrcUb

활발하게 업로드되는 저자의 인터뷰, 책 소개 동영상을 통해 책에서는 접할 수 없었던 입체적인 정보들을 경험하실 수 있습니다.

메이트북스 블로그 blog.naver.com/1n1media

1분 전문가 칼럼, 화제의 책, 화제의 동영상 등 독자 여러분을 위해 다양한 콘텐츠를 매일 올리고 있습니다.

메이트북스 네이버 포스트 post.naver.com/1n1media

도서 내용을 재구성해 만든 블로그형, 카드뉴스형 포스트를 통해 유익하고 통찰력 있는 정보들을 경험하실 수 있습니다.

STEP 1. 네이버 검색창 옆의 카메라 모양 아이콘을 누르세요.　　STEP 2. 스마트렌즈를 통해 각 QR코드를 스캔하시면 됩니다.
STEP 3. 팝업창을 누르시면 메이트북스의 SNS가 나옵니다.